Das Selbstbild der Österreicher

Eine Studie zur verbalen und nonverbalen Imagemessung

Gerhard Martinek

WIEN 1990
SERVICE-FACHVERLAG

CIP–Titelaufnahme der Deutschen Bibliothek

Martinek, Gerhard:
Das Selbstbild der Österreicher: eine Studie zur verbalen und nonverbalen Imagemessung / Gerhard Martinek. – Wien: Service, Fachverl. an der Wirtschaftsuniv., 1990
(Empirische Marketingforschung ; Bd. 8)
ISBN 3-85428-177-3
NE: GT

Druck: Druckerei Signale, 7423 Pinkafeld
Printed in Austria 1990

Gerhard Martinek

Das Selbstbild der Österreicher – Eine Studie zur verbalen und nonverbalen Imagemessung

EMPIRISCHE MARKETINGFORSCHUNG
Hrsg.: von o.Univ. Prof. Dr. Günter Schweiger

Band 8

Die Drucklegung dieses Bandes wurde wesentlich gefördert durch die Österreichische Werbewissenschaftliche Gesellschaft.

Band 1
Gertraud Schrattenecker
Die Beurteilung von Urlaubsländern durch Reisekonsumenten
1984, 325 Seiten, kart., öS 273,–
ISBN 3-85428-029-7

Band 2
Berthold Schwanzer
Die Bedeutung der Architektur für die Corporate Identity eines Unternehmens – Eine empirische Untersuchung von Geschäften und –Bankfilialen
1985, 195 Seiten, kart., öS 273,–
ISBN 3-85428-058-0

Band 3
Helmut Kurz
Die Genauigkeit von Umfrageergebnissen
Eine empirische Analyse
1987, 147 Seiten, kart., öS 234,–
ISBN 3-85428-084-X

Band 4
Michael Praschl
Anti-Rauchwerbung – Werbung für Nichtrauchen auf der Basis der Motivforschung und deren kommunikative Umsetzung
1987, 142 Seiten, kart., öS 273,–
ISBN 3-85428-106-4

Band 5
Junichi Yoshida
Produktinnovation in Japan –
Ein Weg zum ganzheitlichen Produktmarketing
1989, 228 Seiten, kart., öS 320,–
ISBN 3-85428-116-1

Band 6
Gerhard Knor
Werbung in Tageszeitungen und Fachzeitschriften –
Ein empirischer Wirkungsvergleich dargestellt am Beispiel EDV
1988, 157 Seiten, kart., öS 187,50
ISBN 3-85428-122-6

Band 7
Wolfgang Mayerhofer
Werbemitteltests –
mit dem Schwerpunkt auf der Darstellung moderner Verfahren der Laborforschung
1990, 292 Seiten, kart., öS 332,–
ISBN 3-85428-173-0

Für Sandra

Vorwort des Herausgebers.

Die Arbeit von Herrn Martinek beschäftigt sich erstmals in dieser Schriftenreihe mit einer Forschungsmethode, die am Institut für Werbewissenschaft und Marktforschung entwickelt und in den letzten Jahren schwerpunktmäßig vor allem in zwei Bereichen eingesetzt wurde:

- In der Länderimageforschung und
- in Produktgruppen, in denen davon ausgegangen werden kann, daß das Imagemodell zur Erklärung des Konsumverhaltens herangezogen wird: Als Hinweise dafür können die Dominanz des Zusatznutzens und die Markenvielfalt bei objektiv im Blindtest nicht unterscheidbaren Produkten angesehen werden.

Im Gegensatz zur verbalen Messung von Images anhand von Wortreizen werden bei der Nonverbalen Imagemessung (NVI) Bildreize oder Musikreize zugeordnet.

Die Ergebnisse zeigen das Vorstellungsbild, das die Österreicher von ihrem eigenen Land haben (Selbstbild); weiters wird dieses Bild mit den Images der Bundesrepublik Deutschland und der Schweiz verglichen (Fremdbild). Für alle drei Länder werden ausführlich ihre Stärken und Schwächen aus der Sicht der Österreicher aufgezeigt. Die Erhebung erfolgte sowohl anhand von Bildreizen als auch mit Hilfe von Wortreizen.

Der vorliegende Band stellt die Kurzfassung einer Diplomarbeit zur Erlangung des akademischen Grades

Magister der Sozial- und Wirtschaftswissenschaften

dar.

Günter Schweiger

Das Inhaltsverzeichnis.

1. Die Einleitung.

Das Anliegen der vorliegenden Arbeit ist es, das **Selbstimage der Österreicher im Vergleich zum Image der Bundesrepublik Deutschland und der Schweiz** vor allem mit Hilfe der **Nonverbalen**, aber auch der **Verbalen Imagemessung** zu ermitteln und darzustellen.

Das Hauptaugenmerk dieser Arbeit liegt auf der **Dokumentation der Ergebnisse** einer Studie zum Selbstimage der Österreicher. Zur ausführlichen Diskussion der Theorie, die hier lediglich überblicksmäßig dargestellt wird, verweise ich auf die zahlreichen ordinariatseigenen Studien, Diplomarbeiten und Dissertationen (BEDNAR 1987; GASPERL-SINGER 1985; HARBICH 1987; WUSST 1985; WUSST 1987), sowie Hausarbeiten am Universitäts-Lehrgang für Werbung und Verkauf.

Aus diesem Grund wird der theoretische Hintergrund kurz gehalten und an der betreffenden Stelle auf in diesem Bereich umfangreichere Arbeiten und Dokumentationen verwiesen.

Die Studie, die in dieser Arbeit dokumentiert und kommentiert wird, wurde am Institut für Werbewissenschaft und Marktforschung an der Wirtschaftsuniversität Wien im Wintersemester 1986/87 mit Feldphase im Jänner 1987 durchgeführt. Sie hatte die Aufgabe, das Selbstimage der Österreicher mit Hilfe der **Nonverbalen Imagemessung mit Bildreizen** auf Basis der **Studienreihe "Österreichs Image im Ausland"** durch Univ. Prof. Dr. Günter Schweiger und seinen Mitarbeiter-Stab an obengenanntem Institut, mit dem bereits in über 30 Ländern erhobenen **Fremdimage** zu vergleichen.

Es wurden zum Großteil Bilder verwendet, die zum ersten Mal in einer Länderimagestudie eingesetzt wurden. Daher ist es notwendig, zu untersuchen, ob diese erstmals verwendeten Bilder in die bei anderen Länderimage-Studien ermittelten Dimensionen, wie etwa "Musik" oder "Wintersport", eingeordnet werden können, oder ob neue Dimensionen gebildet werden müssen.

Weiters ist es Aufgabe dieser Studie, zu untersuchen, ob **Bilder**, die den selben Themenbereich, z.B. "Wein" oder "Historische Bauten", ausdrücken sollen, den Ländern Österreich, Bundesrepublik Deutschland und Schweiz gleich zugeordnet werden, und ob **Bilder und Worte**, die dasselbe ausdrücken sollen, den drei Vergleichsländern gleich zugeordnet werden.

2. Die Definitionen.

2.1. Die Einstellung.

Zur genauen Abgrenzung zwischen Einstellung und Image sei auf SCHWEIGER (1988, S.21-26) verwiesen, der auch eine Brücke zwischen den beiden Begriffen schlägt und das Image in Relation zum Verhalten setzt.

Andere Ansätze zur Begriffsklärung von **Einstellung** und **Image** sind die von NEUMANN und ROSENSTIEL (1981), SCHUSTER und TROMMSDORFF (1981), KROEBER-RIEL (1984), AAKER und MYERS (1982, S.134), MAZANEC (1978, S.63-64), sowie JOHANNSON (1971, S.83-85, S.110 ff), in übersichtlicher Form nachzulesen bei HARBICH (1987, S.12-25).

Hier sei nur festgehalten, daß die in der Fachliteratur gängigen Definitionen in zwei Gruppen zusammengefaßt werden können:

1. Einstellung als **intervenierende Variable** oder als **Verhaltensprädisposition**.

   Z.B.: **FISHBEIN** (FISHBEIN und AJZEN 1975): "Attitudes are learned predispositions to respond to an object or class of objects in a consistantly favorable or unfavorable way."

2. Einstellung als Konstrukt, das sich **aus einer oder mehreren Komponenten zusammensetzt**.

   Z.B.: **TRIANDIS** (1975, S.35): "Eine Einstellung ist eine mit Emotionen verbundene Vorstellung, die eine Klasse von Handlungen in einer besonderen Klasse sozialer Situationen aktiviert. Sie besteht aus **kognitiven**, **affektiven** und **konativen Komponenten** und erfüllt mehrere Funktionsarten: Sie hilft dem Einzelnen, sich anzupassen, sein Selbst zu bewahren, die eigenen Wertvorstellungen zu verwirklichen und seine Umwelt zu verstehen."

2.2. Das Image.

Zur durchaus berechtigten Verwendung des Begriffes "Image" neben dem Begriff "Einstellung" sei wiederum an SCHWEIGER (1988) verwiesen. An dieser Stelle seien zum Image zwei Erklärungsansätze erwähnt:

1. **BERGLER** (1963): "Images sind schematisierte Vorstellungen ... von hohem Prägnanzniveau, die der emotionalen und pseudorationalen Bewältigung von solchen Situationen, personalen und apersonalen Gegebenheiten dienen, die dem Individuum nicht in Form einer ... objektiven Überschaubarkeit zugänglich sind."

2. Die wichtigsten Imagemerkmale des von **JOHANNSEN** (1971) erarbeiteten **"Beschreibungsprofil des Image"** aus seinem Thesenkatalog:
   * Das "Image" ist ein komplexes **mehrdimensionales System** von großer **Prägnanz**.
   * Das "Image" bildet eine **Ganzheit** (im Sinne der Gestaltpsychologie).
   * Das "Image" durchläuft bestimmte Entwicklungsstufen, z.B. von einer Entstehungsphase zu einer Phase der stereotypen Verfestigung: Es ist **zeitlich stabil** und **nur unter bestimmten Bedingungen änderbar**.
   * Das "Image" enthält im allgemeinen **objektive und subjektive, richtige und falsche Vorstellungen**, sowie Erfahrungen einer Person hinsichtlich eines Meinungsgegenstandes.

2.3. Das Länderimage.

Länderimages sind komplexe Vorstellungsbilder, die durch eine Vielzahl von Kriterien geprägt werden. Neben rein **kognitiven Einflußgrößen** (Wissen über geographische Lage, Besonderheiten der Landschaft, Bauten,...), die das Image eines Landes wesentlich beeinflussen, sind es vor allem **affektive Komponenten**, die das Länderimage prägen (Assoziationen, Einstellungen, Erfahrungen, Wünsche,...).

Aufgrund der Vielfältigkeit dieser bestimmenden Faktoren reichen eindimensionale Imagedefinitionen nicht aus.

Daher müssen möglichst viele Einflußfaktoren in die Imageanalyse aufgenommen werden, um ein möglichst umfassendes Bild zu erhalten.

2.4. Das Selbstbild und das Fremdbild.

Den umfangreichen Ausführungen von SCHWEIGER (1988; S.24-27) folgend, kann man in Anlehnung an BERGLER und SIX (1972) in der **Stereotypenforschung** ("Stereotype sind Bilder, die sich eine Person von einer möglichen Umwelt macht" (BERGLER 1966)) sechs große Gegenstandsbereiche unterscheiden, von denen für diese Studie vor allem die **nationalen und rassistischen Stereotype** (z.B. Volkscharakterisierungen) Bedeutung haben.

Wenn man nun von Stereotypenforschung im Sinn von "Länderimages" spricht, bietet es sich an, zwischen sog. **Hetero-stereotypen** (i.e. Stereotypen von Gemeinschaften, denen wir uns nicht zurechnen) und den **Autostereotypen** (i.e. Stereotypen von Gruppen und Nationen, denen wir uns zurechnen) zu unterscheiden.

In der vorliegenden Studie kann diese Unterteilung des Länderimage-Konzeptes mit dem sog. **Fremdbild** ("Wie schätze ich die anderen ein?") bzw. dem sog. **Selbstbild** ("Wie schätze ich mich selbst ein?") gleichgesetzt werden.

Das **Fremdbild bzw. -image Österreichs** ergibt sich somit aus der Einschätzung bzw. dem Image Österreichs im Ausland, etwa in den USA, Mexiko, Japan, oder Frankreich (eine vollständige Auflistung findet sich bei MARTINEK 1990).

Das **Selbstbild Österreichs** bzw. **Selbstimage der Österreicher** ergibt sich aus der Einschätzung bzw. dem Image Österreichs im eigenen Land, bei den Österreichern selbst, was die Hauptaufgabe der vorliegenden Studie darstellt.

2.5. Die Methoden der Einstellungs- und Imagemessung.

Da die verschiedenen Meßverfahren, die zur Einstellungs- und Imagemessung herangezogen werden können, in mehreren bereits publizierten Studien (GASPERL-SINGER 1985, S.6-11; HARBICH 1987, S.25-31; HERZIG 1990, S.10-37; WUSST 1987, S.20-87) zum "**Image Österreichs im Ausland**" dargestellt und kommentiert wurden, beschränke ich mich hier auf eine Aufzählung mit kurzer Erklärung und Verweis auf die Quellen.

Vergleiche dazu im besonderen HERZIG (1990), der im Speziellen auf die zahlreichen Skalierungsmethoden ausführlich eingeht und sie mit ihren Anwendungsmöglichkeiten in übersichtlicher Form vollständig darstellt.

2.5.1. Die qualitativen Methoden und projektiven Verfahren.

(JOHANNSEN 1971, S.178-183)

1. Der **Wortassoziationstest**.

2. Der **Picture Frustration Test** (Cartoon Test, Rosenzweig Test).

3. Der **Thematische Apperzeptions-Test** von MURRAY.

4. Der **Personen-Zuordnungstest** (Abwandlung des Szondi Tests).

Weiters **Farb- (Pyramiden-) Tests, Formtests, Rollenspiele**, etc.

2.5.2. Die quantitativen Methoden.

Das wichtigste darüber ist in übersichtlicher Form bei HARBICH (1987, s.25-31), HERZIG (1990; S.11-32) und WUSST (1987) nachzulesen. Zur Orientierung werden die Methoden aber auch hier aufgezählt.

2.5.2.1. Die Eindimensionale (Direkte) Einstellungsmessung.

Zur Verwendung gelangen hier Rating-Skalen, vor allem die LIKERT-, GUTTMAN- oder THURSTONE-Skalierung (KROEBER-RIEL 1984, S.184-189; FISHBEIN und AJZEN 1975).

2.5.2.2. Die Mehrdimensionale (Indirekte) Einstellungsmessung.

In der Literatur werden diese Modelle auch oft **Multiattributmodelle** genannt.

1. Das **Semantische Differential** von OSGOOD (KROEBER-RIEL 1984, S.192; OSGOOD, SUCI, TANNENBAUM 1957).

2. Das **Komponierende Modell** von FISHBEIN (FISHBEIN und AJZEN 1975, S.29 ff; KROEBER-RIEL 1984, S.194; ROSENSTIEL, EWALD 1979, S.42).

3. Das **Komponierende Modell** von TROMMSDORFF (1975, S.61 ff; KROEBER-RIEL 1984, S.195 f).

4. Das **Dekomponierende Modell** der **Multidimensionalen Skalierung (MDS)** (SCHUCHARD-FICHER 1980, S.263 ff).

5. Die **Nonverbale Imagemessung**. Siehe unter 2.6.

2.6. Die Nonverbale Imagemessung (NVI).

2.6.1. Die methodischen Grundlagen der NVI.

Der Antrieb für die Entwicklung der Nonverbalen Imagemessung liegt in der Erkenntnis der Werbeforschung, daß Bildinformationen den Textinformationen nicht nur ebenbürtig, sondern sogar überlegen sind: Sie erzielen eine höhere Werbewirkung.

Die **Gründe** dafür sind vielfältig:

* Der Mensch hat eine fast **unbeschränkte Kapazität für den Empfang bildhafter Information**. Der Umfang bildhaften Materials, das empfangen und gespeichert werden kann, überschreitet bei weitem unsere Kapazität für den Empfang und die Speicherung kognitiver Informationen (HANSEN o.J.).
* Bilder ab einer bestimmten Größe werden gewohnheitsmäßig **als erstes fixiert** und vor Worten wahrgenommen (WITT 1977, S.93; HOFFMANN 1976, S.437).
* Bilder haben im allgemeinen ein **größeres Aktivierungspotential** als Texte; sie gehen den Empfängern mehr unter die Haut (KROEBER-RIEL 1984).
* Die **Imageryforschung** hat gezeigt, daß Bilder besser erinnert werden als Worte (SHERMAN, KULHAVY u.a. 1976, S.27).
* Einstellungen und Images können **ohne (Werbe)-Texte** erzeugt und geändert werden (PERCY und ROSSITER 1980, S.165).

Nicht zuletzt aufgrund dieser Überlegungen stellt sich die Frage, ob die verbalen Methoden der Image- bzw. Einstellungsforschung, nämlich die aus der Sozialpsychologie stammenden verbalen Multiattribut-Modelle, wirklich geeignet sind, diese bildhaften Vorstellungen, diese inneren Bilder, die Images darstellen, zu erheben.

Es darf hier nach den umfangreichen Ausführungen von SCHWEIGER (1988, S.37-44), auf die hier ausdrücklich verwiesen sei, als gesichert angesehen werden, daß **nonverbale Stimuli** - vor allem **in Form von Bildern** - neben den bereits länger verwendeten **verbalen Stimuli** in die Imageforschung integriert werden müssen.

2.6.2. Die Vorteile der NVI.

(SCHWEIGER 1988, S.37-39)

Neben den unter Punkt 2.6.1. dargestellten **Vorteilen** der nonverbalen Codes der menschlichen Informationsverarbeitung ging man 1986, bei Konzipierung der Studie zum Selbstimage der Österreicher auch von anderen Aspekten aus, die aus der Sicht des damaligen Wissensstandes die Anwendbarkeit dieses Verfahrens begründeten.

Allerdings wurden in der Zwischenzeit von HARBICH (1987) und HERZIG (1990) Arbeiten publiziert, die zur Nonverbalen Imagemessung kritisch Stellung nehmen, manche dieser Vorteile relativieren und auch Nachteile nennen, die sich auf Grund der seither durchgeführten Nonverbalen Imagemessungs-Studien ergaben.

* Für die Praxis ergibt sich die Möglichkeit eines **visuellen Briefings** des Auftraggebers an die Werbeagentur, wodurch das **doppelte Übersetzungsproblem** (der Marktforscher muß das visuelle Erscheinungsbild einer Marke in Worte fassen, die Werbeagentur muß diese verbalen Informationen wiederum in Bilder übersetzen) überbrückt wird.

* Images sind **ganzheitliche und mehrdimensionale Gebilde**. Da Bilder eine bestimmte Atmosphäre bzw. Erlebniswelt besser darstellen als ein alternativer Wortreiz, wird durch die Verwendung von Bilderstimuli der Ganzheitlichkeit einer bestimmten Imagefacette bzw. -dimension eher Rechnung getragen als durch simple Wortreize.

* Bei internationalen und interkulturellen Studien bzw. Kampagnen fällt das **Problem der Übersetzung in Fremdsprachen** weg, da "...ein und dieselbe Bildvorlage ähnliche Emotionen in grundsätzlich verschiedenen Ländern auslöst" (SCHWEIGER 1988; S.47).

* Bildvorlagen lockern das Interview auf und machen dadurch die Antworten **valider**.

* Die Ergebnisse können **anschaulicher** aufbereitet werden.

* Die NVI bietet den methodischen Vorteil **stark diskriminierender Images** (SCHWEIGER 1988; S.44-51).

2.6.3. Die Nachteile der NVI.

Als **Nachteile** der NVI nennt HERZIG (1990, S.23) andererseits, den Ausführungen von SCHWEIGER (1985, 1988) folgend:

* Die NVI ist ein relativ **junger Meßansatz**, wodurch die Voraussetzungen, unter denen die NVI den verbalen Verfahren überlegen ist, noch nicht hinreichend bekannt sind. Die Beseitigung dieses Nachteils ist allerdings verständlicherweise nur eine Frage der Zeit.

* Die NVI ist **nicht für alle Produktklassen gleich gut geeignet**. Ihre Verwendung bei Produktgruppen, deren Kauf auf rationalen Entscheidungsprozessen beruht, erscheint problematisch.

* Die NVI ist ein - im Gegensatz zur Imagemessung mit Wortreizen - **für den Befragten ungewohntes Instrument**. Bilder, die vom Marktforscher als für ein Produkt relevant erachtet werden, können bei den Auskunftspersonen auf vollkommenes Unverständnis stoßen.

* Als Nachteil kann auch die **aufwendige Suche, Auswahl, Anfertigung und Verwaltung** des Bild- bzw. Musik-Materials genannt werden.

Auf die spezielle Problematik der **Kosten** und des **Zeitaufwandes** geht HARBICH (1987, S.153-200) genau ein und kommt bei der Gegenüberstellung von Nonverbaler und Verbaler Imagemessung als Ergebnis zu folgenden Verhältniszahlen:

	NVI : VI
Kosten	2,50 : 1
Zeitdauer	2,07 : 1

Allerdings weist er auch darauf hin, daß nicht die Befragung als solche die vergleichsweise hohen Kosten verursacht, sondern die Herstellung der Bildersätze und vor allem die Bildbeurteilung (siehe Unterpunkt 2. unter Punkt 2.6.3.) die kostenintensivsten Teilschritte darstellen.

Zu Kritik an der NVI zeigt HERZIG (1990, S.30-32) überdies einen Überblick, wo er auf MAYER und VAN EIMEREN (1987) und HARBICH (1987) verweist.

2.6.4. Die methodische Vorgangsweise bei der NVI.

(SCHWEIGER 1985, S.128)

1. **Sammeln von Bild- bzw. Musikmaterial**, das in engerem oder weiterem Zusammenhang zum Beurteilungsobjekt (in diesem Fall zu den drei Ländern Österreich, BRD und Schweiz) steht. Als Datenbasis können dafür Publikationen zum Beurteilungsobjekt (etwa Fotobände), die Werbung, bereits vorliegende Forschungsergebnisse, Archive von Bildagenturen (hier der Österreichischen Fremdenverkehrswerbung), Fotozeitschriften und dergleichen mehr herangezogen werden. Parallel dazu sind die Imagedimensionen des Beurteilungsobjektes zu ermitteln. (Hier geschah das auf Grund von Expertengesprächen auf der Basis des geschichtlich begründeten **"Imago Austriae"**(SCHWEIGER 1988, S.30-37).)

2. **Exploration der Bilder bzw. der Musikreize** mit Bestimmung der Dimensionen, die die Bilder bzw. Musikstücke ausdrücken (etwa "Wein", "Industrie", oder "Kultur und Tradition"). Die Dimensionen wiederum sind auf ihre Relevanz für das Beurteilungsobjekt zu überprüfen. Die Exploration kann in Form eines Expertengespräches, in Form von Gruppendiskussionen oder auch als Einzelexploration durchgeführt werden. (In dieser Studie wird - wie bereits weiter oben erwähnt - untersucht, ob die neu verwendeten Bilder in die bereits in anderen Studien ermittelten Dimensionen eingeordnet werden können.)
   Als weiterführende Literatur zu diesem Problemkreis sei auf HARBICH (1987) und vor allem HERZIG (1990) verwiesen.

3. **Bild- bzw. Musikbeurteilung**, in deren Rahmen die Kongruenz zwischen den Bildern bzw. Musikstücken und den Imagedimensionen des Beurteilungsobjektes überprüft wird. (Hier in Form eines Expertengesprächs.)

4. Die ausgewählten Bilder bzw. Musikreize werden den Beurteilungsobjekten zugeordnet (**eigentliche Nonverbale Imagemessung**).

5. Parallel dazu empfiehlt es sich vielfach (z.B. zu Zwecken eines methodischen Vergleiches), wie hier eine **verbale Imagemessung**, also eine Zuordnung von Wortreizen zum Beurteilungsobjekt, durchzuführen.

Weiters empfiehlt es sich als äußerst zweckmäßig, das Image eines Landes (in diesem Fall Österreichs) anhand anderer Länder zu relativieren. Für die vorliegende Studie boten sich die **Bundesrepublik Deutschland** und die **Schweiz** aus folgenden Gründen an:

a. Diese beiden Länder wurden und werden auch in den Studien zum Image Österreichs im Ausland als Vergleichsländer herangezogen.

b. Die BRD und die Schweiz gehören zum selben Kultur- und Sprachkreis wie Österreich (KURZ 1988, S.64).

c. Die BRD und die Schweiz gehören zu den wichtigsten Handelspartnern Österreichs: 1985 gingen 30% der österreichischen Exporte in die BRD (die damit den 1.Rang der österreichischen Handelspartner einnimmt) und 6,8% in die Schweiz (3. Rang) (KURZ 1988, S.64).

d. Die Schweiz ist hinsichtlich Lage, Landes- und Bevölkerungsgröße mit Österreich vergleichbar und hat den selben außenpolitischen Status (Neutralität) (KURZ 1988, S.64).

2.6.5. Die Anwendung der NVI.

Das Konzept der Nonverbalen Imagemessung mit Bildvorlagen wurde am Institut für Werbewissenschaft und Marktforschung an der Wirtschaftsuniversität Wien neben der in dieser Arbeit behandelten Länderimageforschung bereits bei verschiedenen Produktgruppen angewandt und dokumentiert:

* **Zigaretten** (HAIDERER und NEUMANN 1986; MACHAT 1983)
* **Babywindeln** (BEDNAR 1987; SCHWEIGER und WIKLICKY 1986; SCHWEIGER, WIKLICKY und BEDNAR 1987)
* **Kaffee** (MAYERHOFER 1989)
* **Mineralwasser** (HERZIG 1990)
* **Länder**

3. Die Studie.

3.1. Übung aus Marktforschung am Institut für Werbewissenschaft und Marktforschung an der Wirtschaftsuniversität Wien im Wintersemester 1986/87.

3.1.1. Die Erhebungsanlage.

Es wurden **306 Auskunftspersonen** interviewt.

Damit sollte die **österreichische Bevölkerung ab 20 Jahren** in der Stichprobe mit **Quotaauswahl** abgebildet werden.

Die Quotierungen waren:

für das **Geschlecht**:	männlich:	50 %
	weiblich:	50 %
für das **Alter**:	bis 30 Jahre:	30 %
	31-50 Jahre:	50 %
	über 50 Jahre:	20 %

Diese Quoten konnten auch fast auf den Zehntelpunkt genau eingehalten werden.

Geographisch lag der Schwerpunkt der Stichprobe mit fast 70 % in Ost-Österreich, was wohl damit zu erklären ist, daß die meisten Studenten, die diese Umfrage im Rahmen der Übung aus Marktforschung durchführten, aus Wien waren und während des Umfrage-Zeitraumes kaum in andere Bundesländer kamen.

Dieser starke Überhang Wiens mit 55,2 Prozent, also mehr als der Hälfte, und des Ostens Österreichs (Wien, Niederösterreich, Burgenland) mit 68,9 Prozent der Auskunftspersonen bedingt wohl auch die auffallend eindeutige Zuordnung bekannter Gebäude oder anderer Detailansichten.

Man muß hier wohl von einer kognitiven Zuordnung sprechen, da viele Auskunftspersonen die betreffenden Objekte vom Sehen kennen und daher Österreich zuordnen. Genauere Begründungen dazu finden Sie bei MARTINEK 1990.

Außerdem konzentrierte sich die Stichprobenauswahl auf überdurchschnittlich gebildete Personen in guten beruflichen Positionen, also "Opinionleader" und Personen mit erhöhter wirtschaftlicher Kompetenz, die in einer Gesellschaft eine sehr bedeutende Vorreiterposition erfüllen.

Mit diesen Eigenschaften war die Stichprobe auch strukturgleich zu den Studien zum Fremdimage.

Die Feldphase erstreckte sich über die Universitäts-Weihnachtsferien, also von Dezember 1987 bis Jänner 1988.

3.1.2. Die Bilder.

Die Auskunftspersonen mußten jeweils insgesamt 48 Bilder, aufgeteilt auf zwei Fragen - Nummer 12 und 14 im Fragebogen -zuordnen. Auf Grund verschiedener Splits ergab sich die Summe von 82 zuzuordnenden Bildern.

Diese große Zahl an Bildern ist neu in der Länderimage-Forschung. In den bisherigen Studien zum Image Östereichs im Ausland wurden lediglich 34 Bilder (Bilder Nummer 1 bis 34 im Archiv des Instituts für Werbewissenschaft an der Wirtschaftsuniverstät Wien) und ab der zweiten USA-Studie im Jahr 1986 28 Bilder (Nummer 35 bis 62 im Archiv) verwendet.

Von den hier verwendeten 82 Bildern waren 23 aus dem "alten" Bildersatz und 14 aus dem "neuen" Bildersatz.

Einige Bilder aus dem "alten" Bildersatz wurden außerdem im Jahr 1984 vermessen, um zu sehen, welche Eigenschaften die Bilder ausdrücken.

Von den hier verwendeten Bildern sind dies die folgenden:

> 2 (Weinernte), 3 (Aprés Ski), 5 (Museum), 6 (WU Wien), 7 (Alpenhaus), 10 (Rauchender Schlot), 11 (Schifahrer/Tiefschnee), 13 (Ballnacht), 14 (Straßenschmutz), 16 (UNO-City), 17 (Hinterstoder), 18 (G'spritzter), 19 (Sandler), 21 (Musikverein), 22 (Weinprobe), 24 (Buffet), 25 (Hofreitschule) und 26 (Weinfest).

Da diese Vermessung im Rahmen eines Seminars am Institut für Werbung und Marktforschung an der Wirtschaftsuniversität Wien durchgeführt wurde, sind diese Ergebnisse auch einerseits im Seminarbericht an obengenanntem Institut und andererseits in einem internen Forschungsbericht des selben Instituts verfügbar.

Daher werden diese Ergebnisse hier nicht extra angeführt, zumal sie die dargestellten Daten unterstützen und keine neuen Überlegungen notwendig machen.

Der Grund für den Einsatz von insgesamt 47 erstmals verwendeten Bildern lag darin, zu untersuchen, ob es noch andere Bilder gibt, welche die in bereits durchgeführten Untersuchungen verwendeten Dimensionen ausdrücken, bzw. neue, bisher nicht erhobene Dimensionen darstellen.

Wie unter Punkt 3.1.6. dann auch dargestellt wird, ging diese Überlegung auch auf.

Bei fast einem Viertel der Bilder besteht die Gefahr des kognitiven Erkennens durch die Auskunftsperson, vor allem bei bekannten Gebäuden und anderen Ansichten oder durch Details im Bild, die gesucht und auch erkannt werden.

Es sind dies von den hier dargestellten Bildern die Bilder 5 (Museum) und 16 (UNO-City).

Von dem kompletten Bildersatz sind dies außerdem die Bilder 6 (WU Wien), 21 (Musikverein), 25 (Hofreitschule), 44 (U-Bahn Karlsplatz), 106 (Gasometer), 114 (UNO-City mit Wien), 141 (Flakturm) und 142 (Baustelle).

Bei anderen, nicht so eindeutig kognitiv zugeordneten Bildern wiederum kann als Indiz für kognitive Zuordnung der Vergleich mit den Zuordnungen anderer, nicht kognitiv erkannter, Bilder derselben Dimension gelten. Denn diese werden nicht so stark auf Österreich zugeordnet. Das ist bei den Bildern 235 (Bemalte Wand) und 239 (Zinskaserne) zu beobachten.

Bei einigen Bildern sind es zwar kleine Details, die nur bei genauem Hinschauen kognitiv erkannt werden können. Wie wir aber auch aus den Auslands-Studien wissen, suchen die Auskunftspersonen nach jedem Hinweis, der das Bild leichter zuordnen läßt.

Auf dem Bild 14 (Straßenschmutz) fährt eine Wiener Straßenbahn im Hintergrund vorbei, auf dem Bild 18 (G'spritzter) ist ein alter in Österreich verwendeter Werbeslogan zu sehen, auf dem Bild 19 (Sandler) sind Details der Kärntner Straße in Wien zu sehen, auf dem Bild 39 (Casino) liegt ein Jeton in Österreich-Form auf dem Spieltisch, und auf dem Bild 33 (Kirchenvitrail) ist vom Wiener Schubertbund zu lesen.

Auch bei den Bildern 113 (Lausanne/Schweiz) und 127 (Genf/UNO-Gebäude) ist durchaus denkbar, daß ein Teil der Auskunftspersonen die dargestellten Ausschnitte kognitiv erkannt hat.

Zur zweimaligen Darstellung des Bildes 39 (Casino) sei gesagt, daß es zwei Mal eingesetzt wurde, um die Homogenität der Splits zu untersuchen. Näheres dazu unter Punkt 3.1.10.

Auf den nächsten Seiten werden ein paar typische dieser Bilder nun gemeinsam mit den Zuordnungs-Ergebnissen in Form von Graphiken dargestellt. Für diese Publikation wurden vor allem Bilder ausgewählt, die für signifikante Dimensionen repräsentativ sind. Die restlichen Bilder finden Sie vollständig und übersichtlich bei MARTINEK 1990.

Zum leichteren Verständnis wird eine Graphik auf der nächsten Seite exemplarisch erklärt:

Bezeichnung des Bildes im Archiv des Instituts für Werbewissenschaft und Marktforschung an der Wirtschaftsuniversität Wien

Weinernte

Bild 2

Archivnummer in obengenanntem Archiv

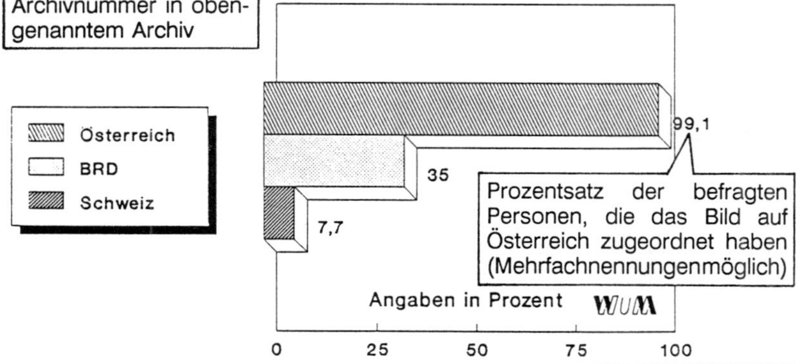

Prozentsatz der befragten Personen, die das Bild auf Österreich zugeordnet haben (Mehrfachnennungenmöglich)

DAS SELBSTIMAGE DER ÖSTERREICHER
Erhebungszeitraum: Jänner 1987; N = 220

Zahl der befragten Personen

Zu den einzelnen - aus verschiedenen Gründen - für diese Publikation ausgesuchten Bildern wäre folgendes zu sagen:

Bild 2 (Weinernte): Typisches Bild aus der Dimension "Wein", die sich als starke Österreich-Dimension erwies; wie alle bis auf das Bild "G'spritzter", auf dem ein Mädchen mit einem bedruckten T-Shirt zu sehen ist, völlig neutral.

Bild 5 (Museum): Aus der Dimension "Kunst und Kultur"; deutlicher Fall von kognitivem Erkennen; begünstigt durch die Ost-Lastigkeit der Stichprobe wird das Gebäude als in Wien und somit Österreich befindlich erkannt.

Bild 7 (Alpenhaus): Aus der Dimension "Berge, schöne Landschaft"; gut erkennbar, daß zwischen Österreich und Schweiz bei Bildern dieser Dimension meist kein signifikanter Unterschied besteht.

Bild 13 (Ballnacht): Starkes österreich-typisches Sujet aus der Dimension "Klassische Musik", bei dem allerdings auch die Gefahr kognitiven Erkennens zu beachten ist.

Bild 16 (UNO-City): Aus der Dimension "Moderne Gebäude", die an sich eine signifikante BRD-Dimension ist, allerdings wird hier das Gebäude kognitiv erkannt und das Ergebnis somit verfälscht.

Bild 24 (Buffet): Vertreter der Dimension "Gastronomie, gutes Essen", die anhand von neutralen Bildern signifikant stärker auf Österreich zugeordnet wird.

Bild 29 (Theaterloge): Aus der Dimension "Kunst und Kltur", die eine Image-Stärke Österreichs darstellt; neben anderen, kognitiv erkennbaren Bildern ist dieses ein völlig neutrales und wird ebenfalls signifikant auf Österreich zugeordnet.

Bild 34 (Wiener Kaffee): Repräsentant der signifikanten Österreich-Dimension "Kaffee".

Bild 43 (Chemie Linz): Zeigt die Stärke der BRD auf dem Gebiet von Industrie und Hochtechnologie.

Bild 50 (Schifahrer/Buckelpiste): Zeigt, daß Bilder aus der Dimension "Wintersport", vor allem im Aprés Ski-Bereich, zumindest teilweise signifikant stärker mit Österreich in Verbindung gebracht werden, aber auch eine absolute Stärke der Schweiz darstellen.

Bild 62 (Telefon-Mann): Zeigt das exzellente Wirtschaftsimage der BRD.

Bild 111 (Grimselstausee): Steht für die Stärke der Schweiz in Bezug auf Berge, wo sie in manchen Bildern gleich stark wie Österreich zugeordnet wird.

Bild 207 (Herbst/Tische): Zeigt die absolute Stärke Österreichs in der Dimension "Romantik, Melancholie".

Bild 236 (Graffiti): Repräsentiert die herausragende Position der BRD für alles, was mit "Modern" und "Modernen Bauten" zu tun hat.

In der Untersuchung wurden alle Bilder in Farbe zur Beurteilung vorgelegt.

Weinernte

Bild 2

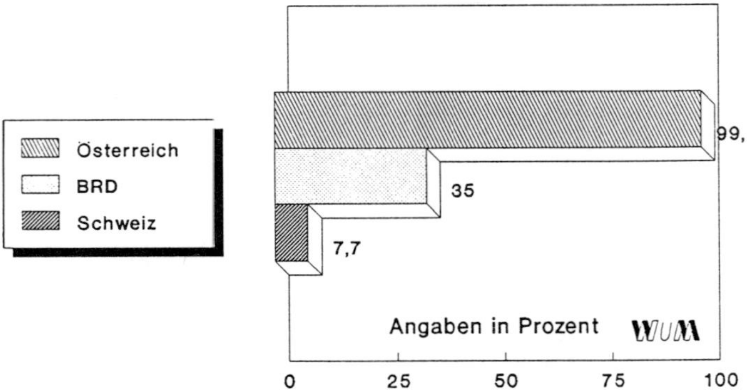

DAS SELBSTIMAGE DER ÖSTERREICHER
Erhebungszeitraum: Jänner 1987; N = 220

Museum

Bild 5

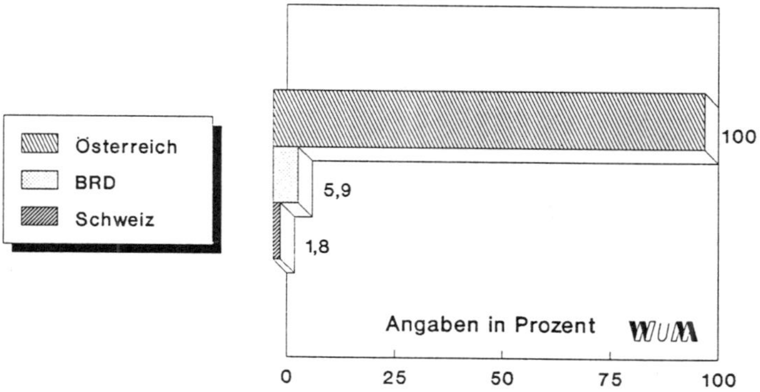

DAS SELBSTIMAGE DER ÖSTERREICHER
Erhebungszeitraum: Jänner 1987; N = 220

Alpenhaus

Bild 7

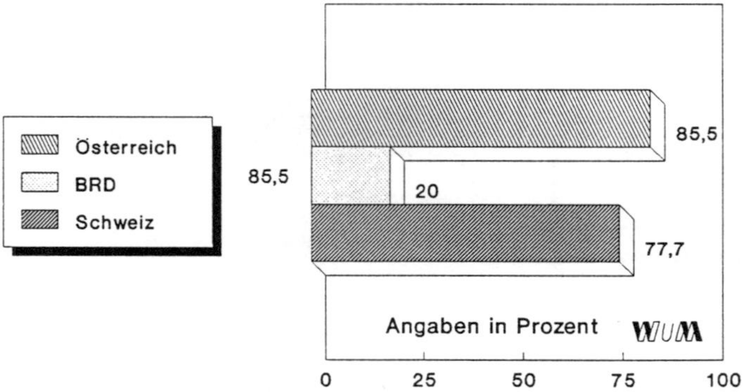

DAS SELBSTIMAGE DER ÖSTERREICHER
Erhebungszeitraum: Jänner 1987; N = 220

Ballnacht

Bild 13

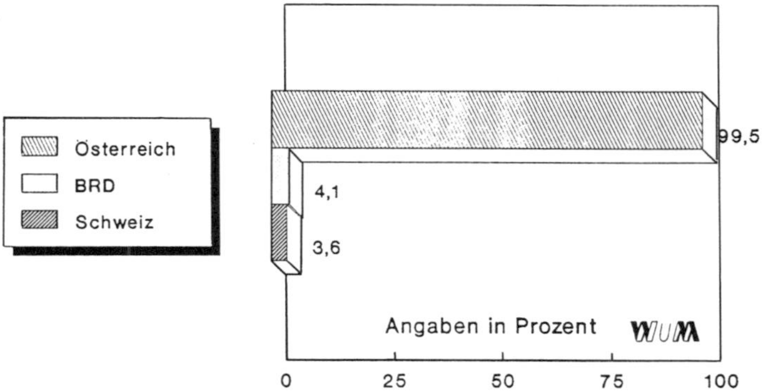

DAS SELBSTIMAGE DER ÖSTERREICHER
Erhebungszeitraum: Jänner 1987; N = 220

UNO-City

Bild 16

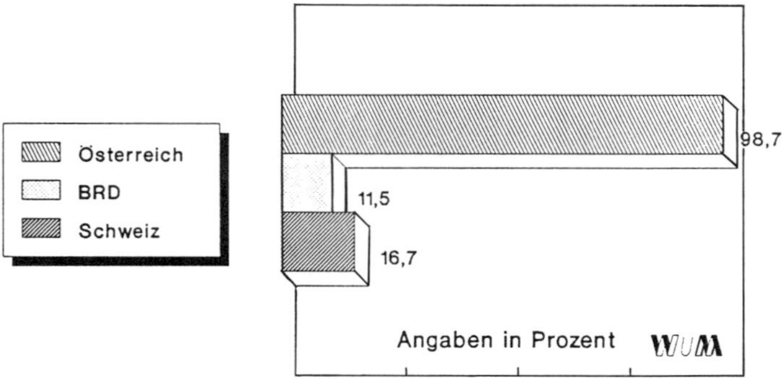

DAS SELBSTIMAGE DER ÖSTERREICHER
Erhebungszeitraum: Jänner 1987; N = 156

Buffet

Bild 24

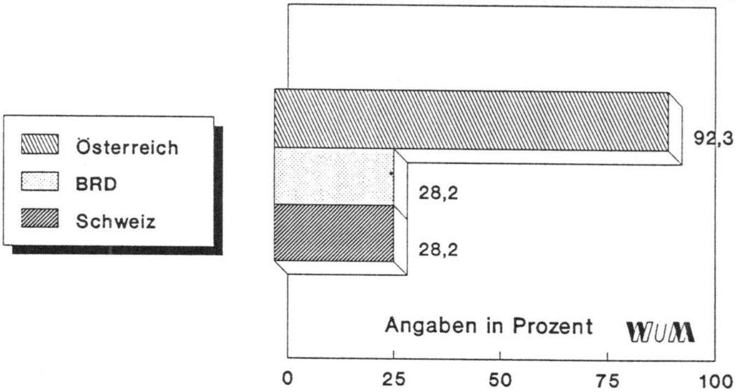

DAS SELBSTIMAGE DER ÖSTERREICHER
Erhebungszeitraum: Jänner 1987; N = 156

Theaterloge

Bild 29

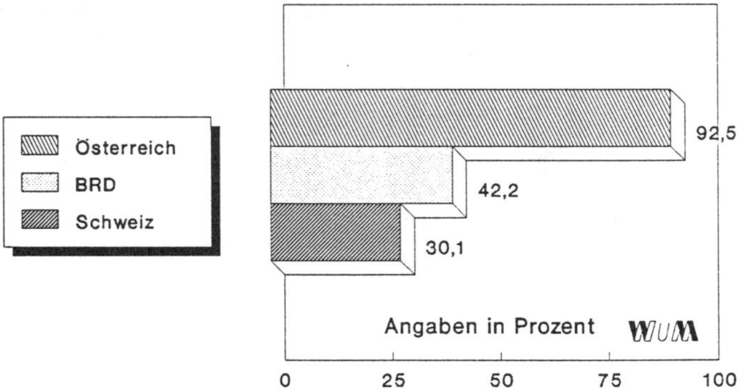

DAS SELBSTIMAGE DER ÖSTERREICHER
Erhebungszeitraum: Jänner 1987; N = 268

Wiener Kaffee

Bild 34

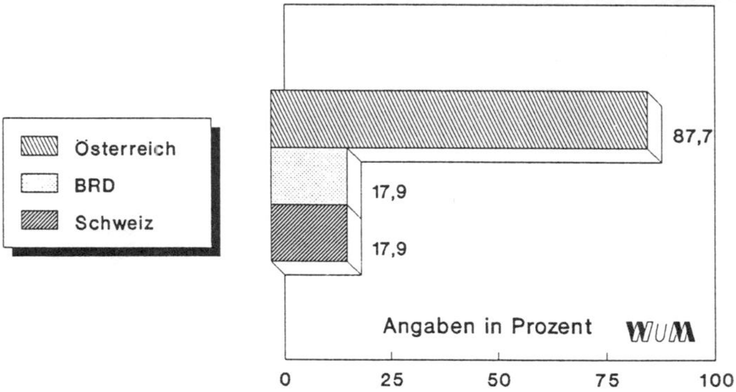

DAS SELBSTIMAGE DER ÖSTERREICHER
Erhebungszeitraum: Jänner 1987; N = 56

Chemie Linz

Bild 43

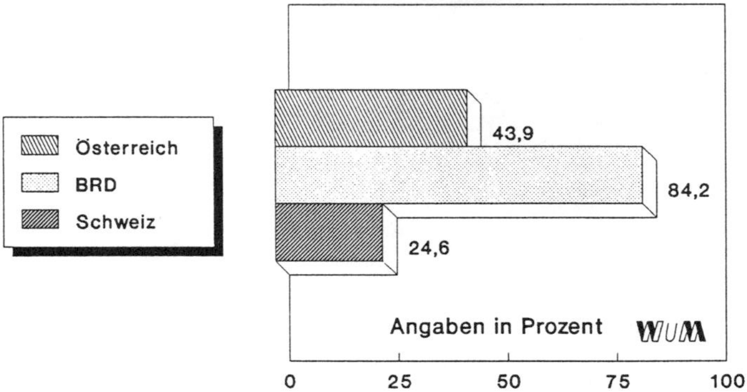

DAS SELBSTIMAGE DER ÖSTERREICHER
Erhebungszeitraum: Jänner 1987; N = 57

Schifahrer / Buckelpiste

Bild 50

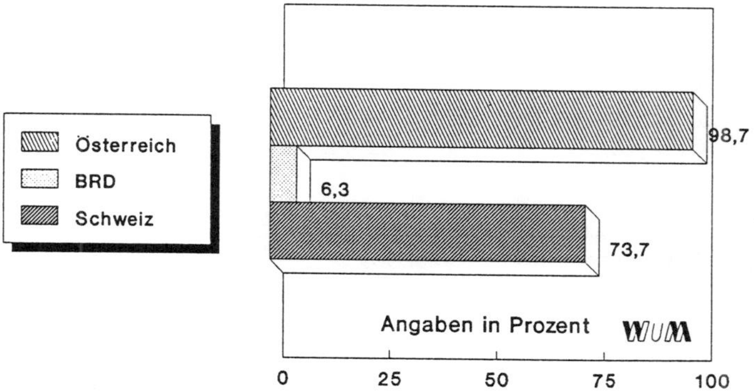

DAS SELBSTIMAGE DER ÖSTERREICHER
Erhebungszeitraum: Jänner 1987; N = 80

Telefon-Mann

Bild 62

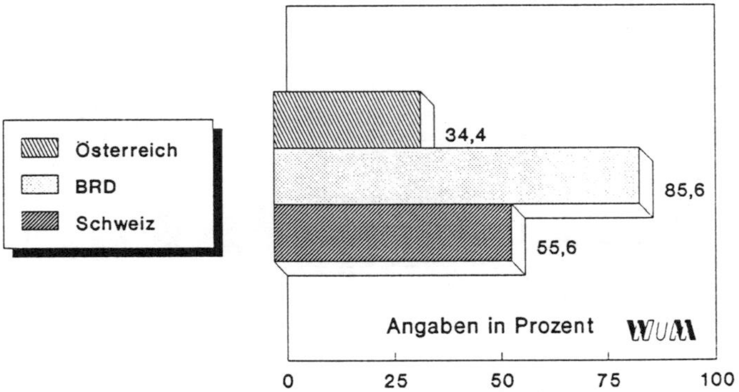

DAS SELBSTIMAGE DER ÖSTERREICHER
Erhebungszeitraum: Jänner 1987; N = 277

Grimselstausee

Bild 111

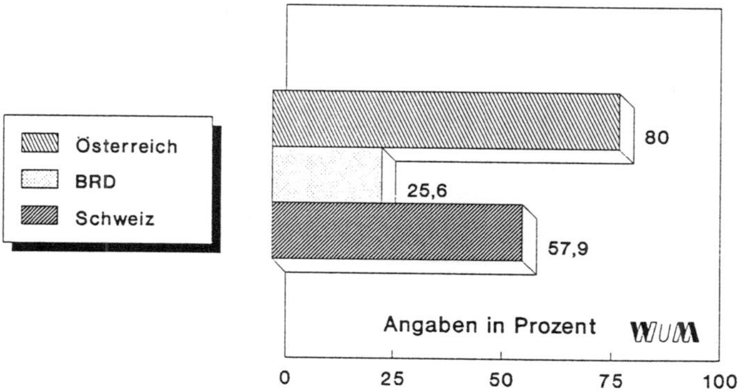

DAS SELBSTIMAGE DER ÖSTERREICHER
Erhebungszeitraum: Jänner 1987; N = 121

Herbst/Tische

Bild 207

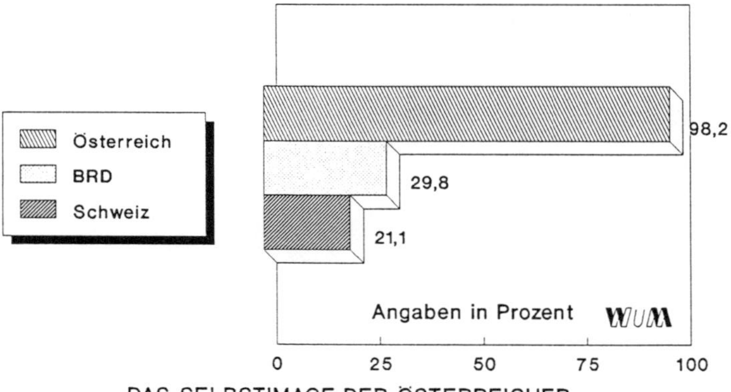

DAS SELBSTIMAGE DER ÖSTERREICHER
Erhebungszeitraum: Jänner 1987; N = 57

Graffiti

Bild 236

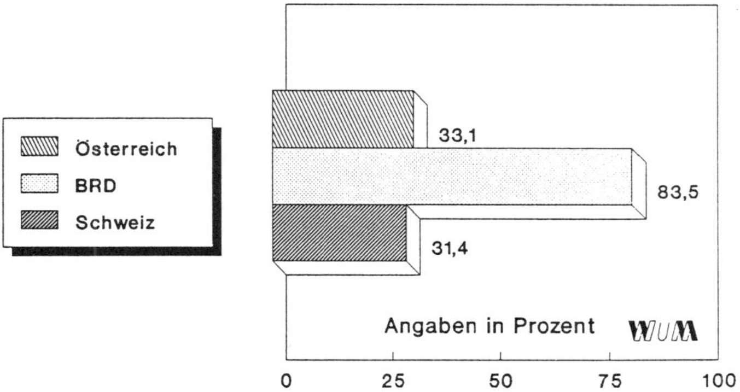

DAS SELBSTIMAGE DER ÖSTERREICHER
Erhebungszeitraum: Jänner 1987; N = 121

3.1.3. Die signifikant zugeordneten Bilder.

Die **Fragen Nummer 12 und 14** im Fragebogen lauteten wortgleich:

> "Wenn Sie jetzt bitte wieder an die drei Länder BUNDESREPUBLIK DEUTSCHLAND, SCHWEIZ und ÖSTERREICH denken.
> In dieser Mappe sind einige Fotos. Sagen Sie mir bitte bei jedem Foto spontan, auf welche der drei Länder das jeweilige Bild Ihrer Meinung nach paßt. Sie können ein Bild auch auf mehrere Bilder zuordnen!"
> (INTERV.: Antwort eintragen; Achten Sie darauf, ob die Apn. das Prinzip der Mehrfachzuordnungen verstanden hat!)

Auf den folgenden Seiten finden Sie die Zuordnungen der einzelnen Bilder auf die drei Länder, geordnet nach der Archiv-Nummer der Bibliothek am Institut für Werbewissenschaft und Marktforschung an der Wirtschaftsuniversität Wien.

3.1.3.1. Die signifikant auf ÖSTERREICH zugeordneten Bilder.

Zur vollständigen Dokumentation werden die Bilder vorerst in der Reihenfolge ihrer Nummer im Archiv des Instituts für Werbewissenschaft und Marktforschung an der Wirtschaftsuniversität Wien angeführt.

Die Berechnung der Signifikanzen erfolgte mit T-Tests. Allerdings gab es eine große Anzahl von Bildern, bei denen der fachlich kompetente Betrachter auch ohne Berechnung erkennen konnte, daß die Ergebnisse hoch signifikant sind.

Daher gibt es in weiterer Folge unter Punkt 3.1.3.5. eine Aufteilung der Bilder in hoch signifikant zugeordnete und signifikant zugeordnete, gemeinsam mit näheren Untersuchungen und ausführlichen Kommentaren.

Bild-Nr.	Titel	Bild-Nr.	Titel
2	Weinernte	45	Frau bei Weinernte
3	Aprés Ski	46	Konditorei
5	Museum	49	Wanderjause mit Volksmusik
11	Schifahrer/Tiefschnee	50	Schifahrer/ Buckelpiste
13	Ballnacht	55	Kaffeehaus mit Spiegel
14	Straßenschmutz	73	Dreier Studenten
16	UNO-City	101	Raum mit Perserteppich
18	G'spritzter	106	Gasometer
19	Sandler	111	Grimselstausee
21	Musikverein		
22	Weinprobe		

24	Buffet
25	Hofreitschule
26	Weinfest
29	Theaterloge
30	Fiaker
32	Tanzfest
33	Kirchenvitrail
34	Wiener Kaffee
36	Hinterhof
37	Bürokratie
39	Casino
39	Casino 2
41	Ettalkloster/Bayern
42	Aprés Ski - Schneebar
44	U-Bahn Karlsplatz
114	UNO-City mit Wien
141	Flakturm Wien
142	Baustelle
175	Au
204	Mähdrescher
206	Friedhof
207	Herbst/Tische
208	Herbst
211	Weingut Clos de Vougeot
234	Vierergruppe
239	Zinskaserne
245	Rodeln
249	Hausmusik
278	Ringelspiel
301	Flohmarkt

3.1.3.2. Die signifikant auf die BRD zugeordneten Bilder.

Bild-Nr.	Titel	Bild-Nr.	Titel
35	Fassade	236	Graffiti
38	Tote Fische	238	Betonhaus
40	Waldsterben	256	Soldatin mit Gewehr
43	Chemie Linz	318	Münchhausen
62	Telefon-Mann		

3.1.3.3. Das signifikant auf die SCHWEIZ zugeordnete Bild.

Bild-Nr.	Titel
113	Lausanne/Schweiz

3.1.3.4. Die auf keines der Vergleichsländer signifikant zugeordneten Bilder.

Bild-Nr.	Titel
6	WU-Wien
7	Alpenhaus
10	Schlot
17	Hinterstoder
47	Frauen in alten Trachten
67	Jugendliche/Tee
71	Familie
102	Prismazimmer
103	Kitschzimmer
104	Raum mit Ledersofa
112	Sylvensteinspeicher
115	Boote am See

Bild-Nr.	Titel
116	Toledo
127	Genf/UNO-Gebäude
140	Grenze mit Wachturm
209	Mistkübel
235	Bemalte Wand
237	Häuserflucht
246	Schischule
255	Chemikerin
279	Nichtrauchende Popper
316	Kofferübergabe

Auf Grund dieser Ergebnisse ergibt sich folgendes Verhältnis der Anzahl der Bilder, die den drei Vergleichsländern, bzw. keinem Land signifikant zugeordnet werden:

	Anzahl der signifikant zugeordneten Bilder	
	Absolut:	**In Prozent:**
Österreich	50	61
BRD	9	11
Schweiz	1	1
Kein Land	22	27

Aus dieser Übersicht ist zu erkennen, daß sich die Österreicher in der Selbstbeurteilung überdurchschnittlich viele Bilder, respektive Dimensionen, selbst zuordnen.

Das ist vor allem auf zwei Faktoren zurückzuführen:

* Zum einen ist es sicher ein Ausdruck von Patriotismus, sich selbst mehr zuzuerkennen als anderen, zumal der Großteil der Bilder durchaus positive Inhalte repräsentiert. Allerdings werden dem eigenen Land auch negative Eigenschaften in verstärktem Maß zugeordnet, was sicher damit zu tun hat, daß man Negatives, das vor der eigenen Haustüre passiert, besser sieht und sich mehr darüber ärgert, was dazu führt, daß es tiefer in einem haften bleibt.

* Zum anderen werden einige Bilder rational als in Österreich aufgenommen erkannt, was natürlich zur Folge hat, daß diese Bilder signifikant auf Österreich zugeordnet werden.

Allerdings bleibt das Verhältnis der einzelnen Zuordnungen zueinander - verglichen mit dem Image Östereichs im Ausland -ziemlich gleich. Es ändert sich also nichts an der relativen Stärke der einzelnen Dimensionen im Vergleich zueinander. Die starken Dimensionen bleiben stark, die schwachen bleiben schwach, nur auf einem generell höheren Level.

3.1.4. Die Worte.

Die Auskunftspersonen mußten insgesamt 44 Worte bzw. Wortgruppen in Frage Nummer 3 des Fragebogens zuordnen. Auf Grund verschiedener Splits ergab sich die Summe von 57 zuzuordnenden Worten bzw. Wortgruppen.

Bei diesen 57 verwendeten Wortreizen waren 16, die bereits in anderen Studien zum Image Österreichs im Ausland verwendet wurden. Hinzu kamen einerseits Worte bzw. Wortgruppen, die Gegensätze ausdrücken und bei denen untersucht werden sollte, ob sie auch gegensätzlich zugeordnet werden, und andererseits Worte bzw. Wortgruppen, die Ähnliches ausdrücken, bei denen untersucht werden sollte, ob sie auch ähnlich zugeordnet und somit als ähnlich erlebt würden.

Auf den nächsten Seiten werden die Worte-Zuordnungen nun in Form von Graphiken dargestellt.

Kommentare dazu sind unter Punkt 3.1.11. und 3.1.12. zu finden.

Zum leichteren Verständnis wird eine Graphik auf der nächsten Seite exemplarisch erklärt:

"Aktuelle Mode"

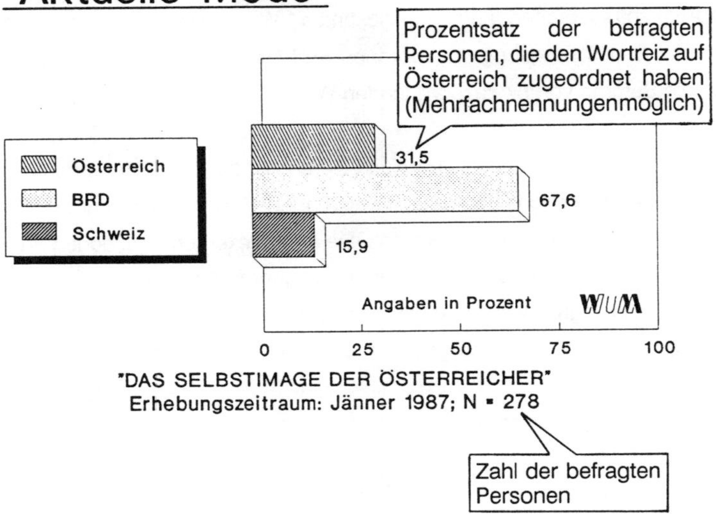

"Anti-semitisch"

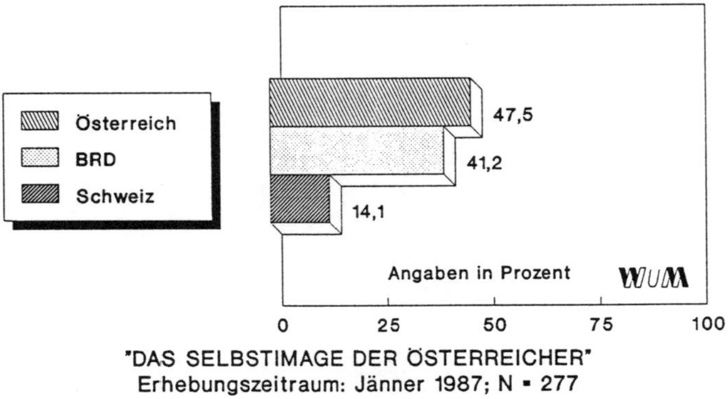

"Aktuelle Mode"

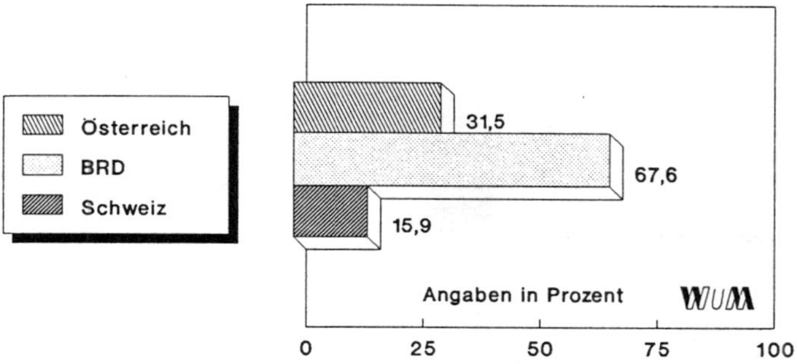

"DAS SELBSTIMAGE DER ÖSTERREICHER"
Erhebungszeitraum: Jänner 1987; N = 278

"Anti-semitisch"

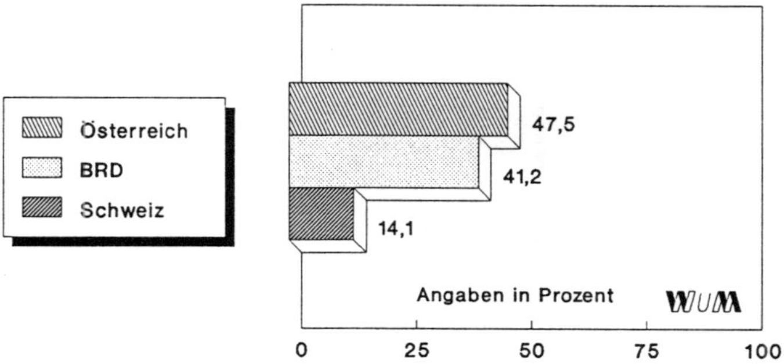

"DAS SELBSTIMAGE DER ÖSTERREICHER"
Erhebungszeitraum: Jänner 1987; N = 277

"Arbeitslosigkeit"

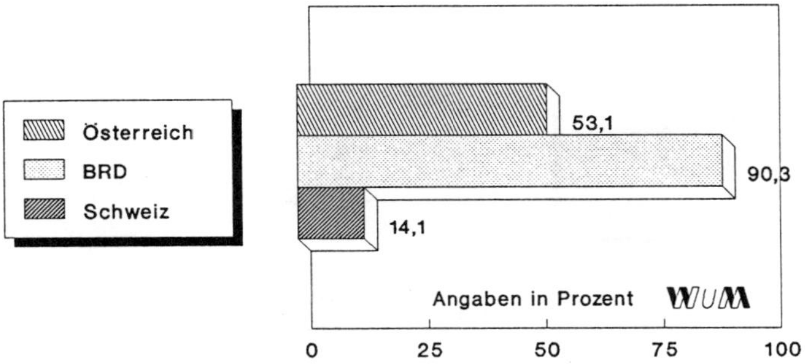

"DAS SELBSTIMAGE DER ÖSTERREICHER"
Erhebungszeitraum: Jänner 1987; N = 278

"Asylland für politische Flüchtlinge"

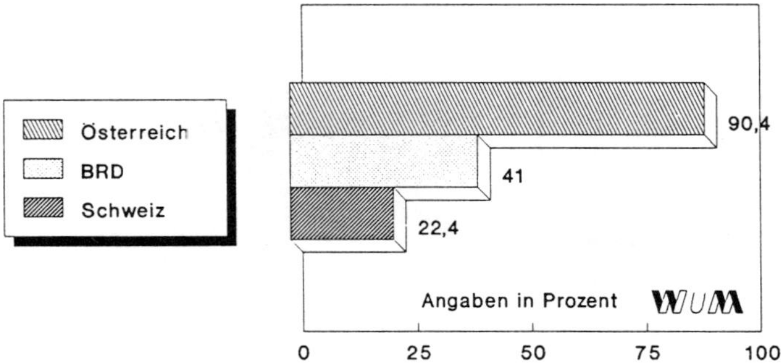

"DAS SELBSTIMAGE DER ÖSTERREICHER"
Erhebungszeitraum: Jänner 1987; N = 156

"Aufgeschlossen"

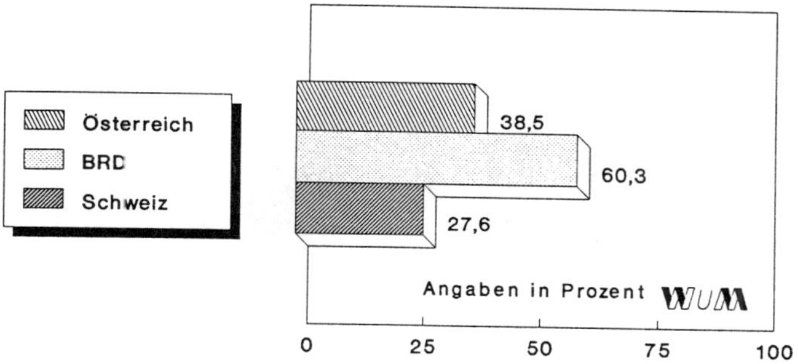

"DAS SELBSTIMAGE DER ÖSTERREICHER"
Erhebungszeitraum: Jänner 1987; N = 156

"Ausgeprägter Wehrwille"

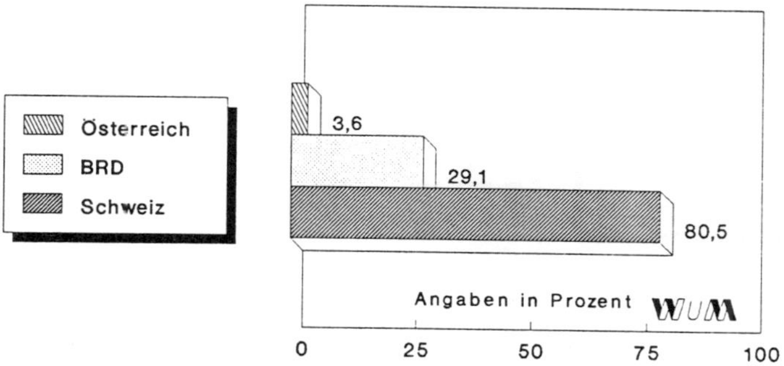

"DAS SELBSTIMAGE DER ÖSTERREICHER"
Erhebungszeitraum: Jänner 1987; N = 278

"Ausländerfeindlichkeit"

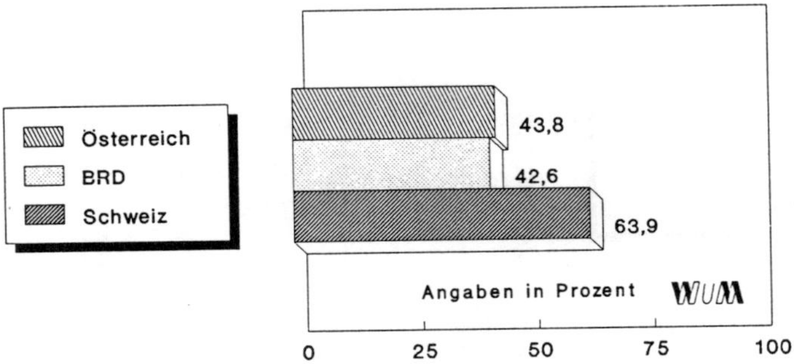

"DAS SELBSTIMAGE DER ÖSTERREICHER"
Erhebungszeitraum: Jänner 1987; N = 122

"Ausreichende Umweltschutz-Maßnahmen"

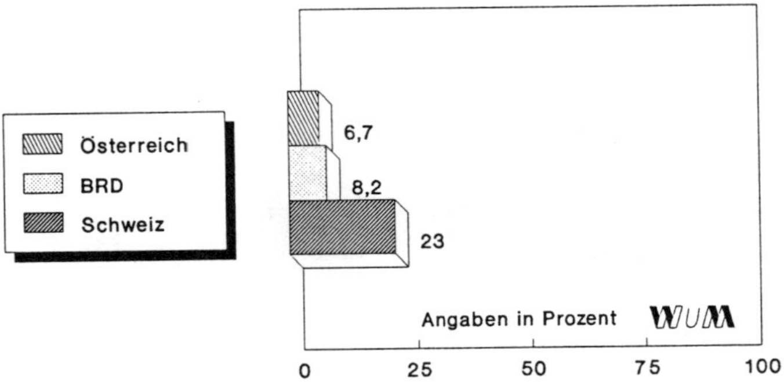

"DAS SELBSTIMAGE DER ÖSTERREICHER"
Erhebungszeitraum: Jänner 1987; N = 122

"Berühmte Chöre"

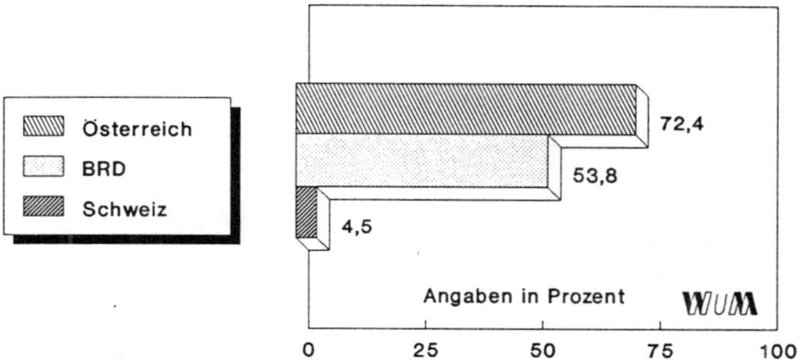

"DAS SELBSTIMAGE DER ÖSTERREICHER"
Erhebungszeitraum: Jänner 1987; N = 156

"Charmant"

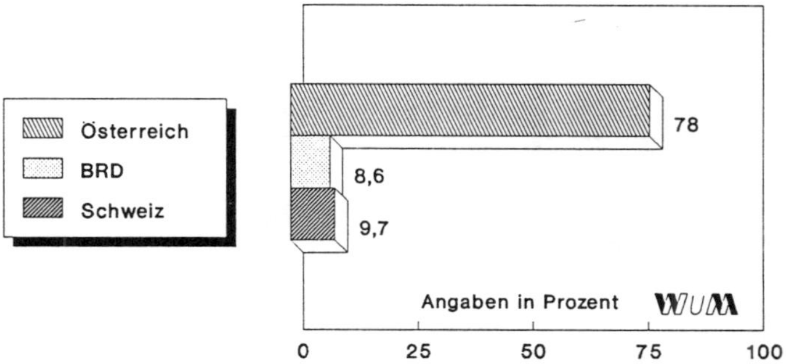

"DAS SELBSTIMAGE DER ÖSTERREICHER"
Erhebungszeitraum: Jänner 1987; N = 278

"Direkte Demokratie"

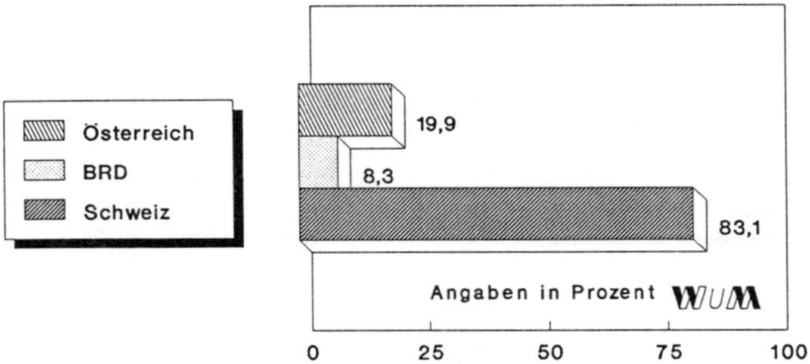

"DAS SELBSTIMAGE DER ÖSTERREICHER"
Erhebungszeitraum: Jänner 1987; N = 278

Engstirnig

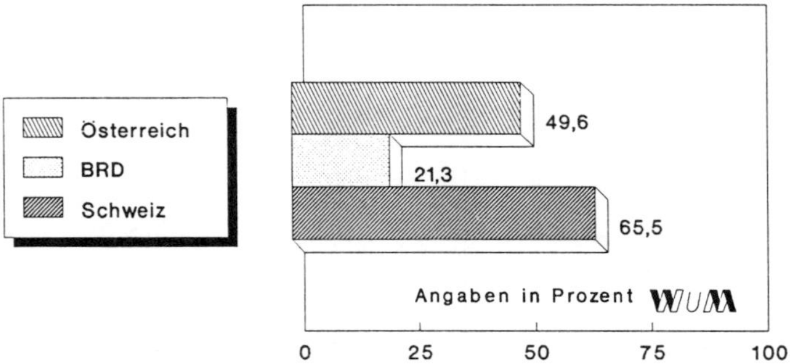

"DAS SELBSTIMAGE DER ÖSTERREICHER"
Erhebungszeitraum: Jänner 1987; N = 122

"Fremdenhaß"

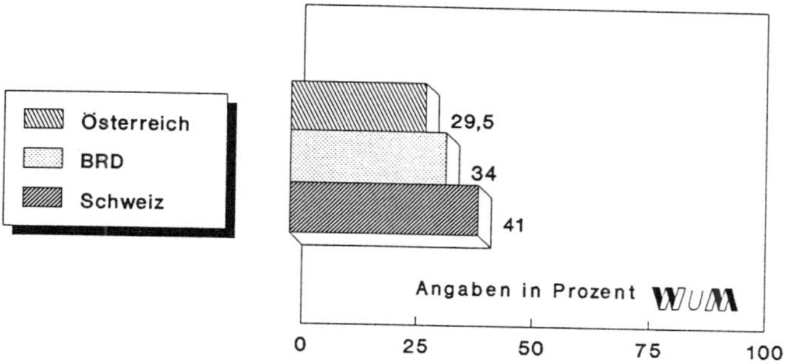

"DAS SELBSTIMAGE DER ÖSTERREICHER"
Erhebungszeitraum: Jänner 1987; N = 156

"Gastfreundlich"

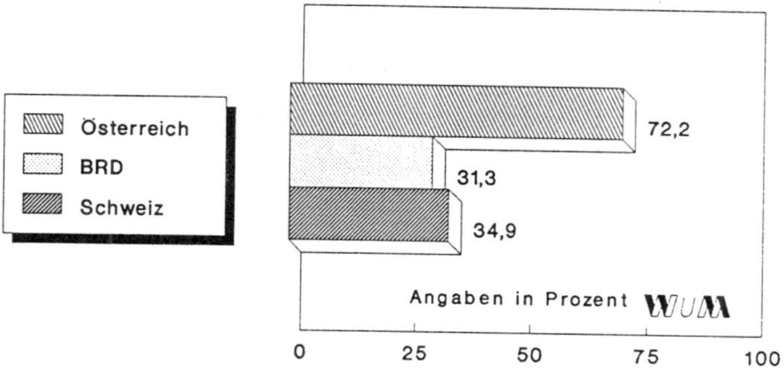

"DAS SELBSTIMAGE DER ÖSTERREICHER"
Erhebungszeitraum: Jänner 1987; N = 278

"Heuriger"

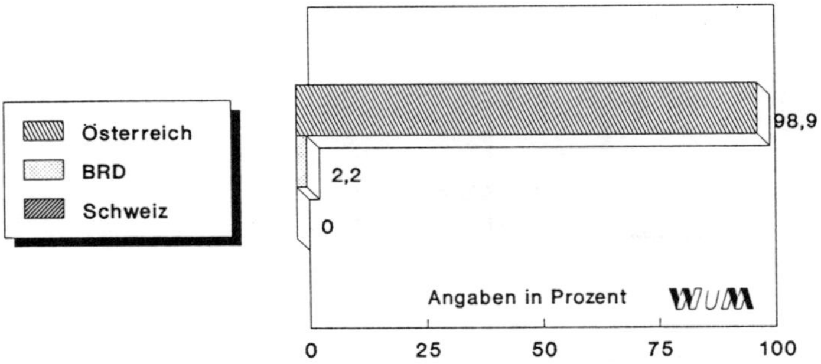

"DAS SELBSTIMAGE DER ÖSTERREICHER"
Erhebungszeitraum: Jänner 1987; N = 278

"Historische Bauten"

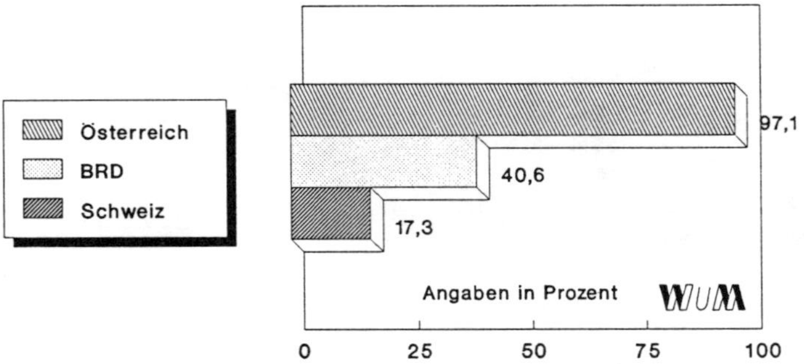

"DAS SELBSTIMAGE DER ÖSTERREICHER"
Erhebungszeitraum: Jänner 1987; N = 278

"Hoch-Technologie"

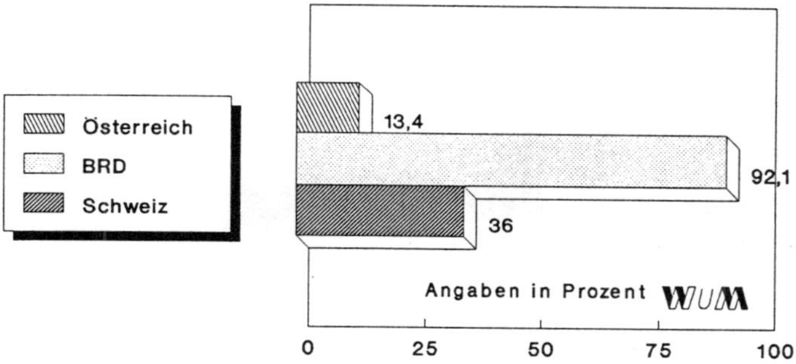

"DAS SELBSTIMAGE DER ÖSTERREICHER"
Erhebungszeitraum: Jänner 1987; N = 278

"Hohe ethische Werte"

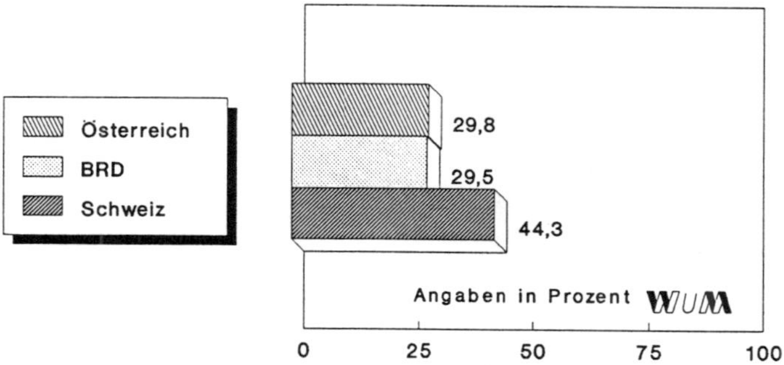

"DAS SELBSTIMAGE DER ÖSTERREICHER"
Erhebungszeitraum: Jänner 1987; N = 122

"Hohe Moralvorstellungen"

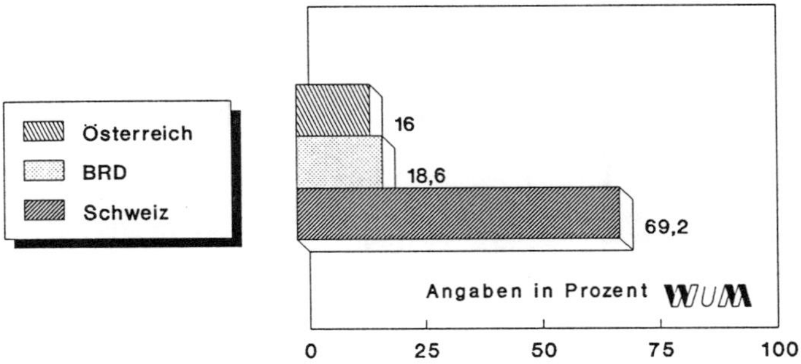

"DAS SELBSTIMAGE DER ÖSTERREICHER"
Erhebungszeitraum: Jänner 1987; N = 156

"Illegaler Technologie-Transfer an Ostblockländer"

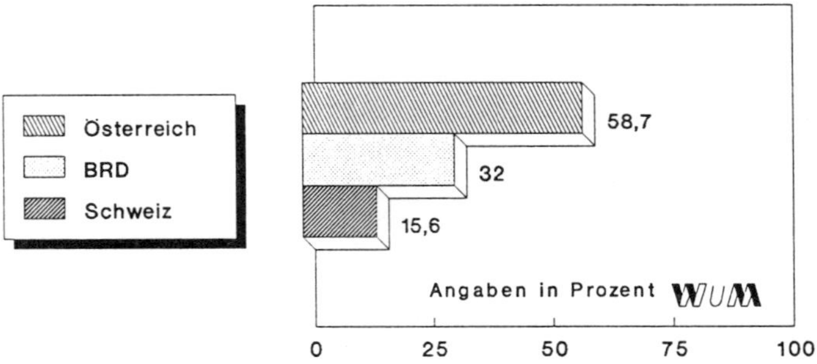

"DAS SELBSTIMAGE DER ÖSTERREICHER"
Erhebungszeitraum: Jänner 1987; N = 156

"Internationaler Treffpunkt"

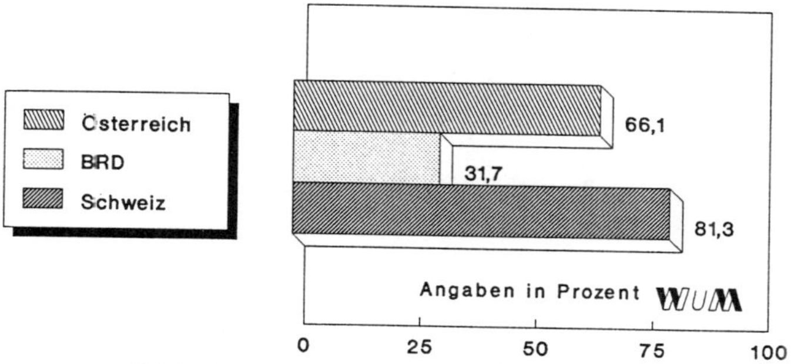

"DAS SELBSTIMAGE DER ÖSTERREICHER"
Erhebungszeitraum: Jänner 1987; N = 278

"Intoleranz gegenüber Minderheiten"

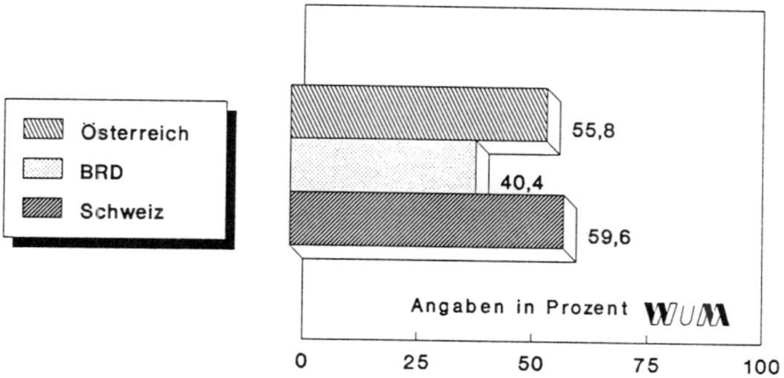

"DAS SELBSTIMAGE DER ÖSTERREICHER"
Erhebungszeitraum: Jänner 1987; N = 156

"Kaffeehauskultur"

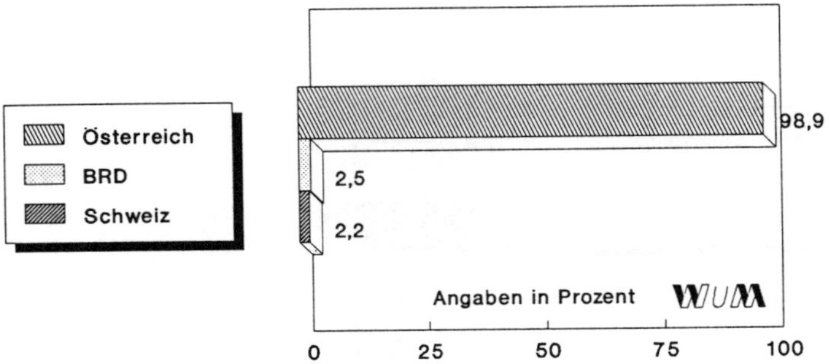

"DAS SELBSTIMAGE DER ÖSTERREICHER"
Erhebungszeitraum: Jänner 1987; N = 278

"Klassisches Asylland"

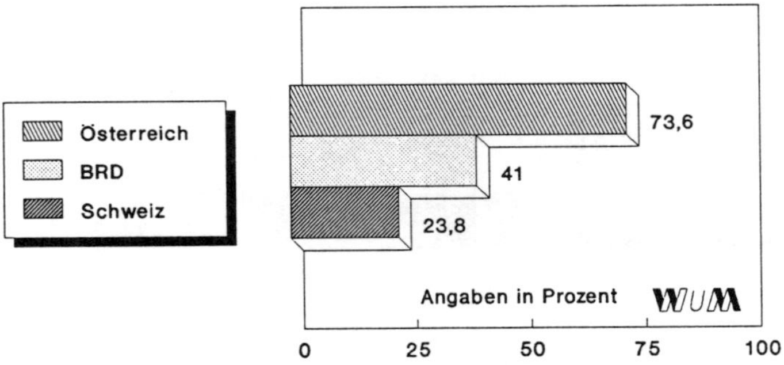

"DAS SELBSTIMAGE DER ÖSTERREICHER"
Erhebungszeitraum: Jänner 1987; N = 122

"Korruption"

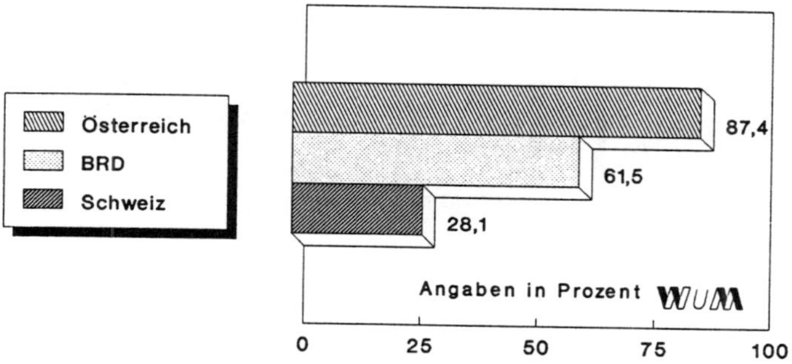

"DAS SELBSTIMAGE DER ÖSTERREICHER"
Erhebungszeitraum: Jänner 1987; N = 278

"Kriminalität"

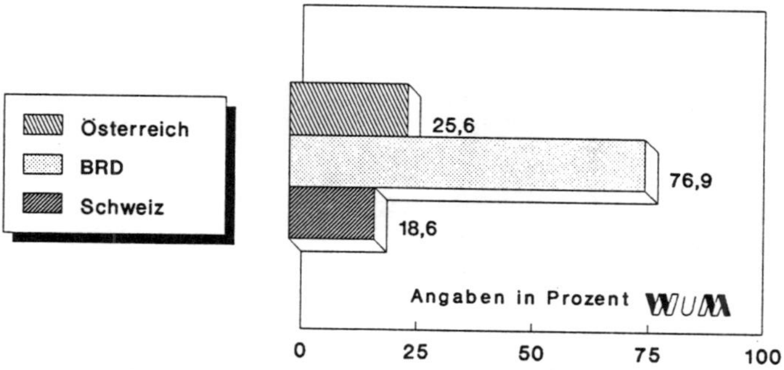

"DAS SELBSTIMAGE DER ÖSTERREICHER"
Erhebungszeitraum: Jänner 1987; N = 156

"Kunst und Kultur"

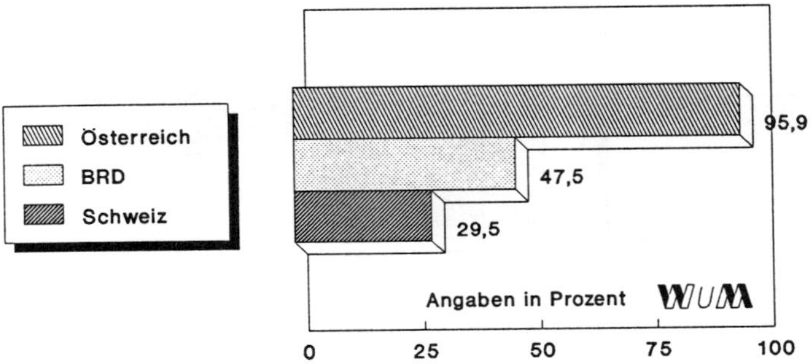

"DAS SELBSTIMAGE DER ÖSTERREICHER"
Erhebungszeitraum: Jänner 1987; N = 122

"Land der Skandale"

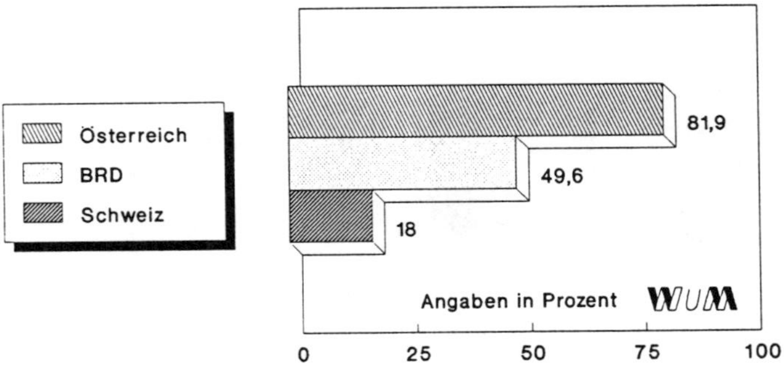

"DAS SELBSTIMAGE DER ÖSTERREICHER"
Erhebungszeitraum: Jänner 1987; N = 278

"Mangelnde Umweltschutz-Maßnahmen"

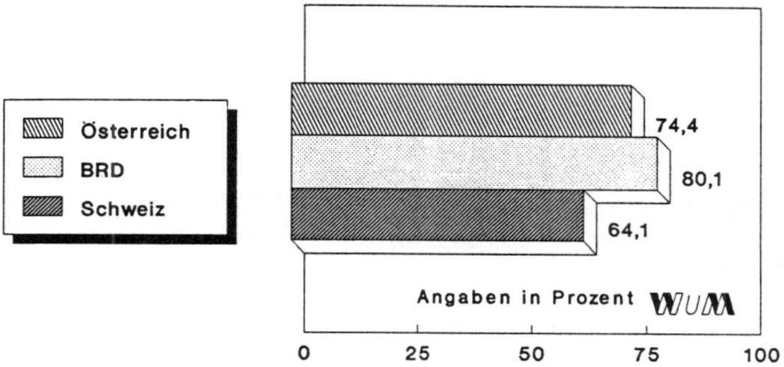

"DAS SELBSTIMAGE DER ÖSTERREICHER"
Erhebungszeitraum: Jänner 1987; N = 156

"Modern"

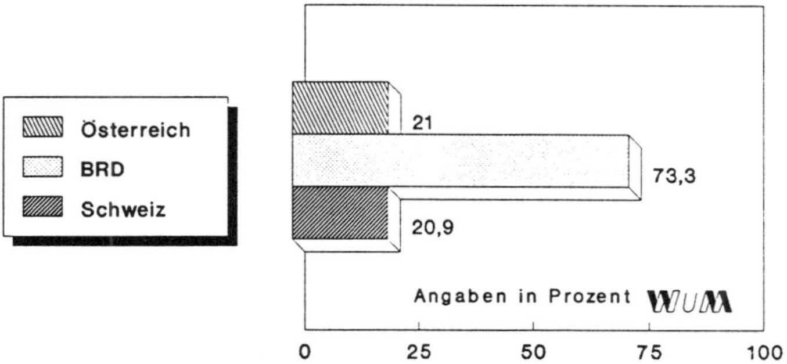

"DAS SELBSTIMAGE DER ÖSTERREICHER"
Erhebungszeitraum: Jänner 1987; N = 277

"Moderne Kunst"

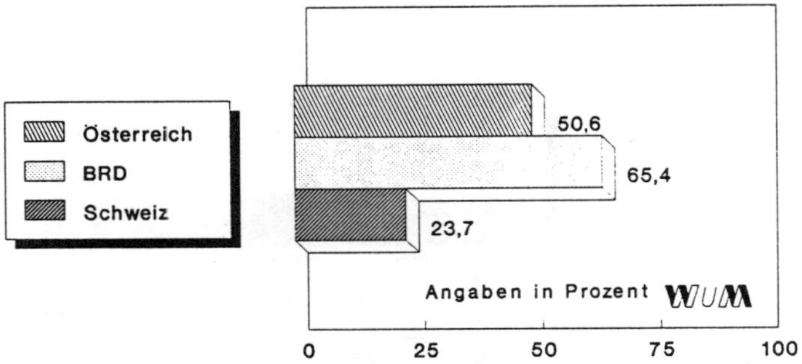

"DAS SELBSTIMAGE DER ÖSTERREICHER"
Erhebungszeitraum: Jänner 1987; N = 156

"Musikalisch"

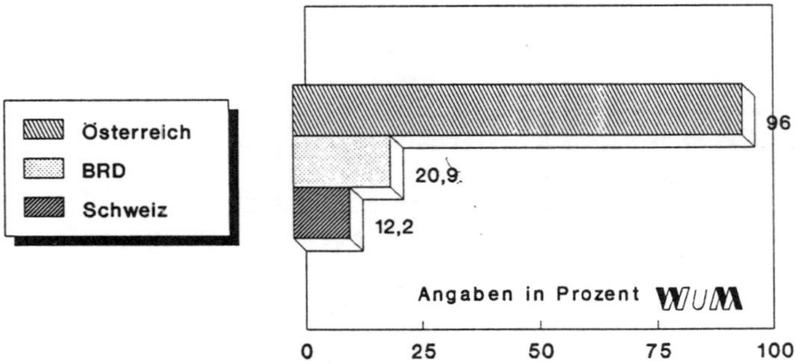

"DAS SELBSTIMAGE DER ÖSTERREICHER"
Erhebungszeitraum: Jänner 1987; N = 278

"Nationalbewußtsein"

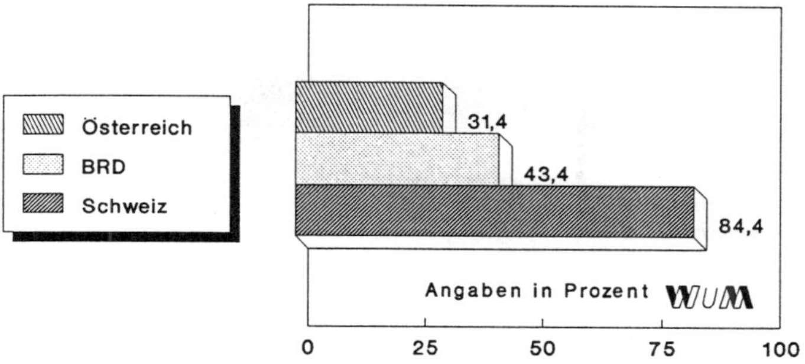

"DAS SELBSTIMAGE DER ÖSTERREICHER"
Erhebungszeitraum: Jänner 1987; N = 122

"Ost-West-Spionage"

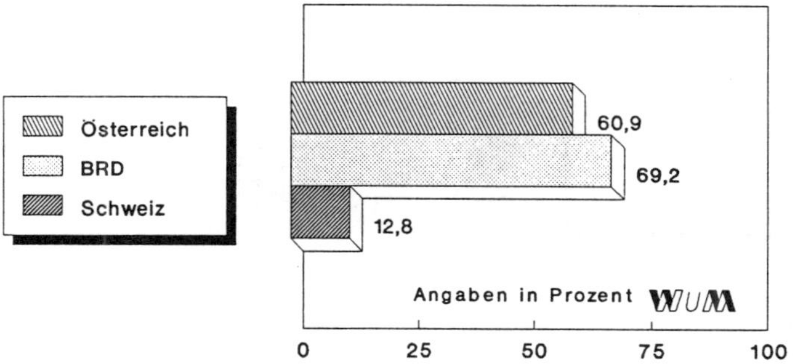

"DAS SELBSTIMAGE DER ÖSTERREICHER"
Erhebungszeitraum: Jänner 1987; N = 156

"Parteienproporz"

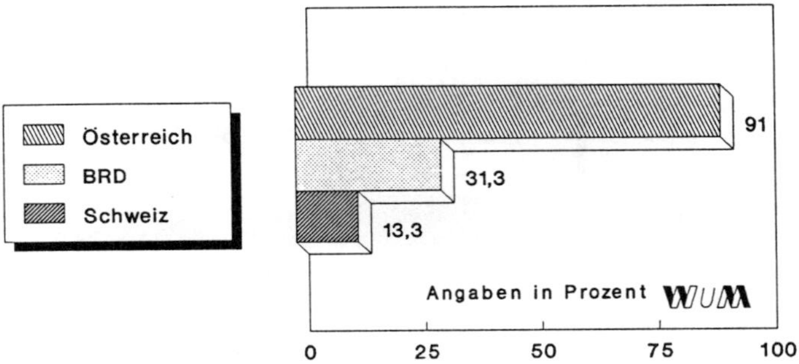

"DAS SELBSTIMAGE DER ÖSTERREICHER"
Erhebungszeitraum: Jänner 1987; N = 278

"Patriotismus"

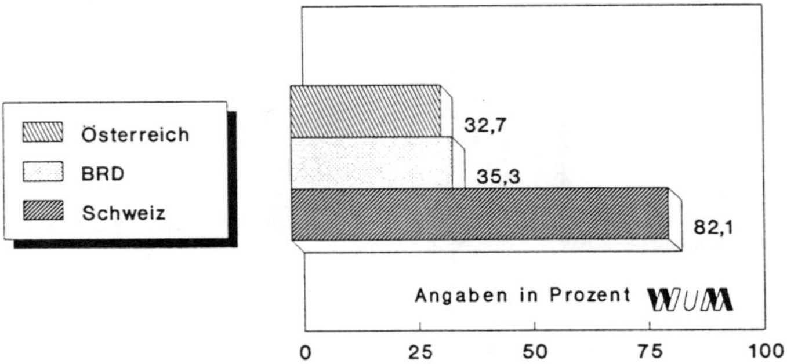

"DAS SELBSTIMAGE DER ÖSTERREICHER"
Erhebungszeitraum: Jänner 1987; N = 156

"Pflege der Hausmusik"

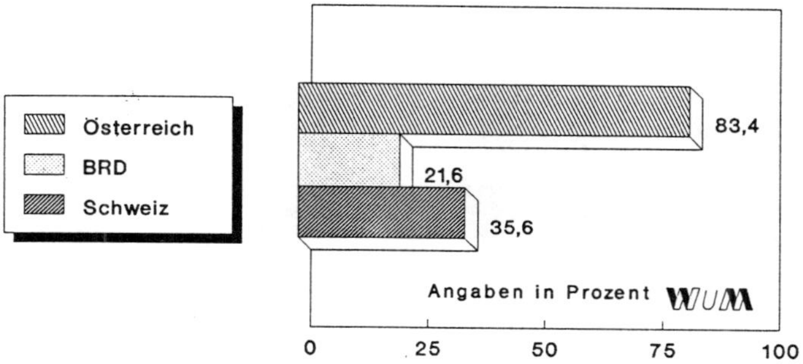

"DAS SELBSTIMAGE DER ÖSTERREICHER"
Erhebungszeitraum: Jänner 1987; N = 278

"Positive Lebenseinstellung"

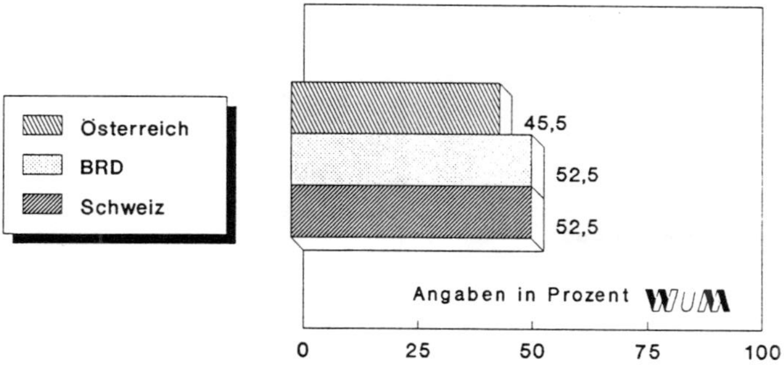

"DAS SELBSTIMAGE DER ÖSTERREICHER"
Erhebungszeitraum: Jänner 1987; N = 278

"Probleme mit Gastarbeitern"

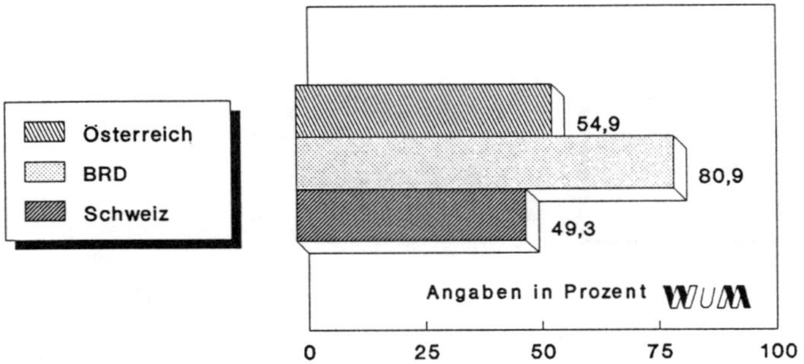

"DAS SELBSTIMAGE DER ÖSTERREICHER"
Erhebungszeitraum: Jänner 1987; N = 278

"Qualitätswein"

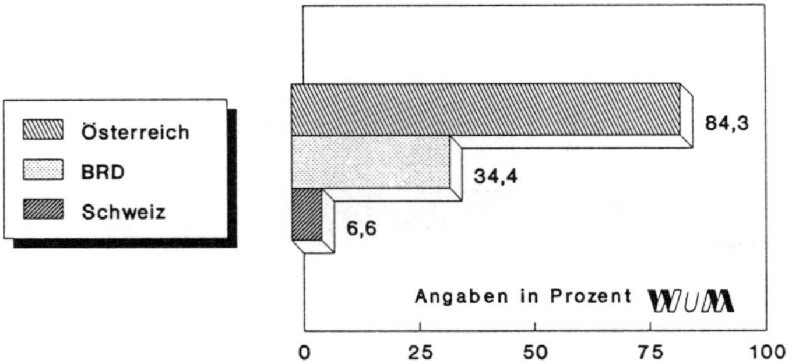

"DAS SELBSTIMAGE DER ÖSTERREICHER"
Erhebungszeitraum: Jänner 1987; N = 122

"Renommierte Opern- und Theaterhäuser"

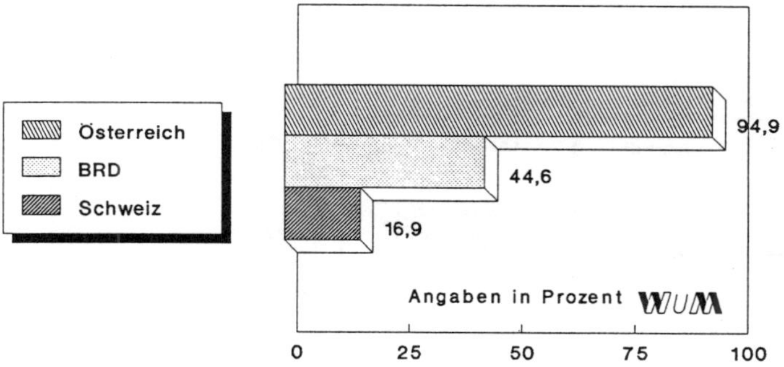

"DAS SELBSTIMAGE DER ÖSTERREICHER"
Erhebungszeitraum: Jänner 1987; N = 156

"Sängerknaben"

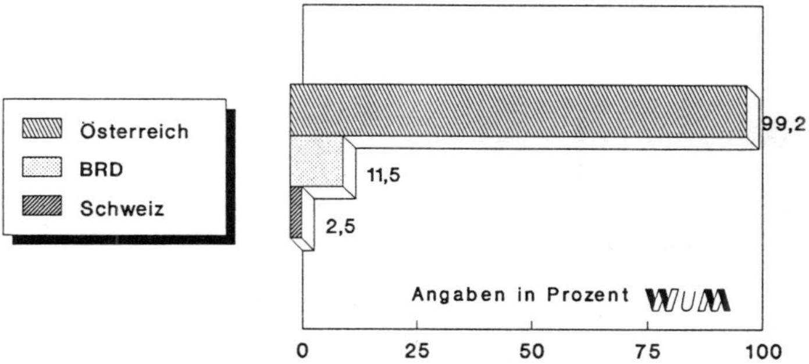

"DAS SELBSTIMAGE DER ÖSTERREICHER"
Erhebungszeitraum: Jänner 1987; N = 122

"Saubere Umwelt"

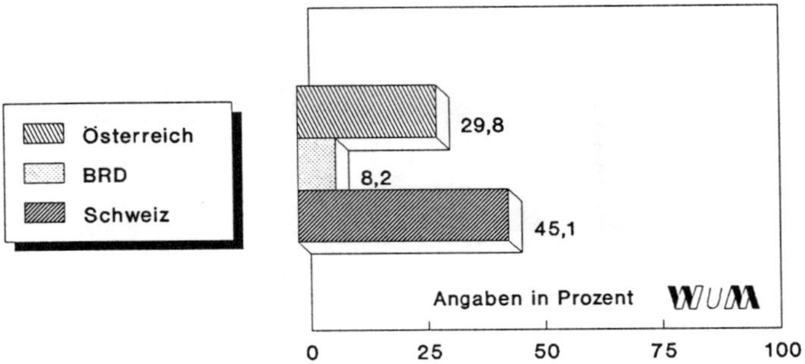

"DAS SELBSTIMAGE DER ÖSTERREICHER"
Erhebungszeitraum: Jänner 1987; N = 122

"Schickeria"

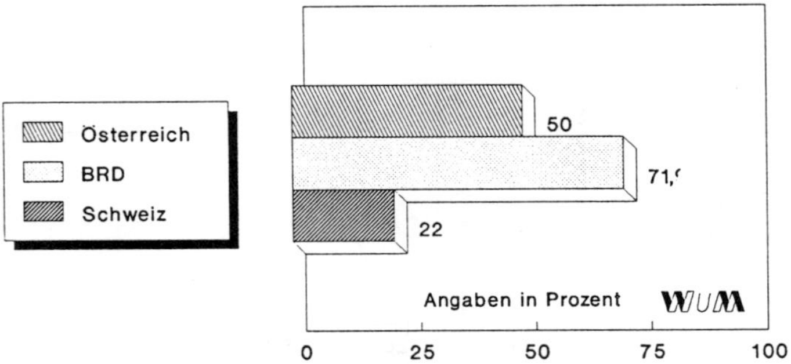

"DAS SELBSTIMAGE DER ÖSTERREICHER"
Erhebungszeitraum: Jänner 1987; N = 278

"Schöne Landschaft"

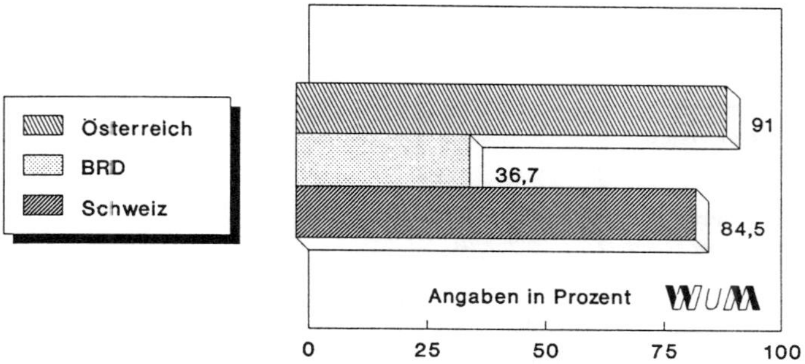

"DAS SELBSTIMAGE DER ÖSTERREICHER"
Erhebungszeitraum: Jänner 1987; N = 278

"Soziale Sicherheit"

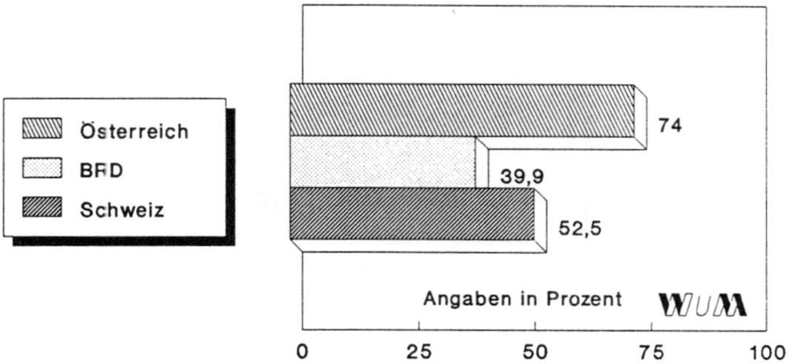

"DAS SELBSTIMAGE DER ÖSTERREICHER"
Erhebungszeitraum: Jänner 1987; N = 278

"Sozialpartnerschaft"

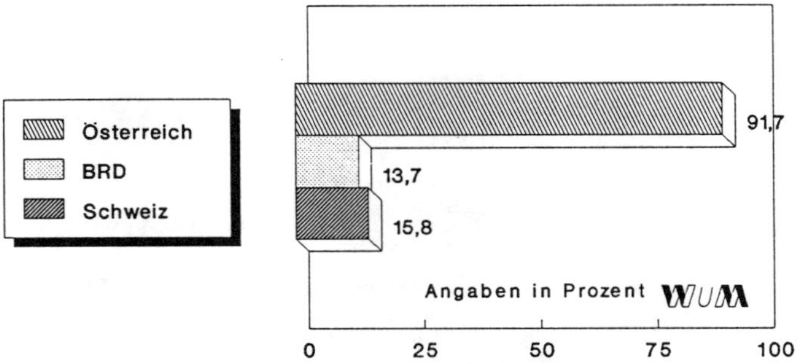

"DAS SELBSTIMAGE DER ÖSTERREICHER"
Erhebungszeitraum: Jänner 1987; N = 278

"Spießbürger"

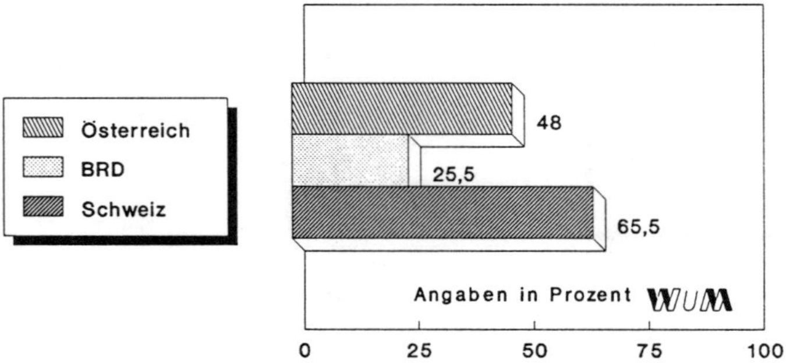

"DAS SELBSTIMAGE DER ÖSTERREICHER"
Erhebungszeitraum: Jänner 1987; N = 278

"Streiks"

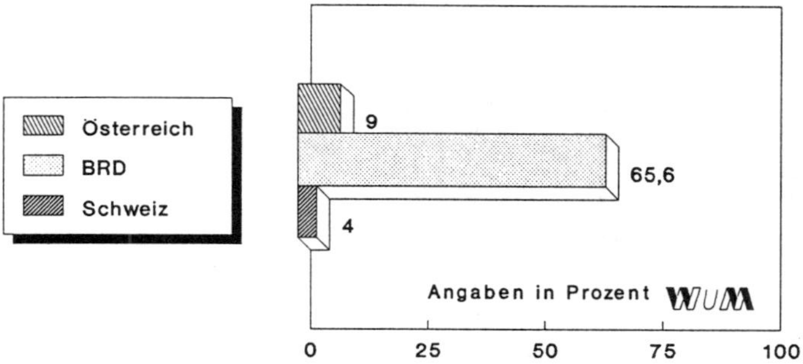

"DAS SELBSTIMAGE DER ÖSTERREICHER"
Erhebungszeitraum: Jänner 1987; N = 278

"Terror"

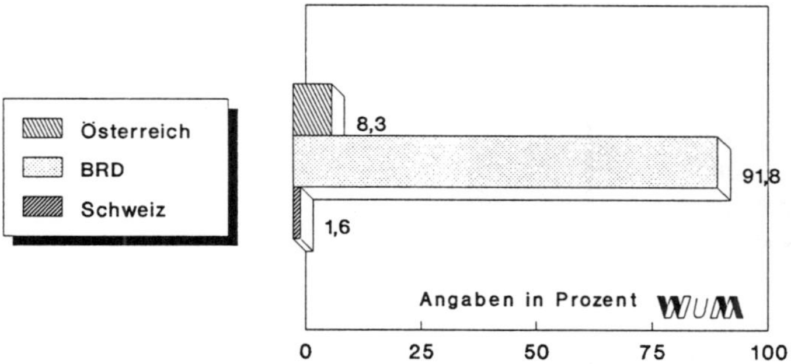

"DAS SELBSTIMAGE DER ÖSTERREICHER"
Erhebungszeitraum: Jänner 1987; N = 122

"Toleranz gegenüber Minderheiten"

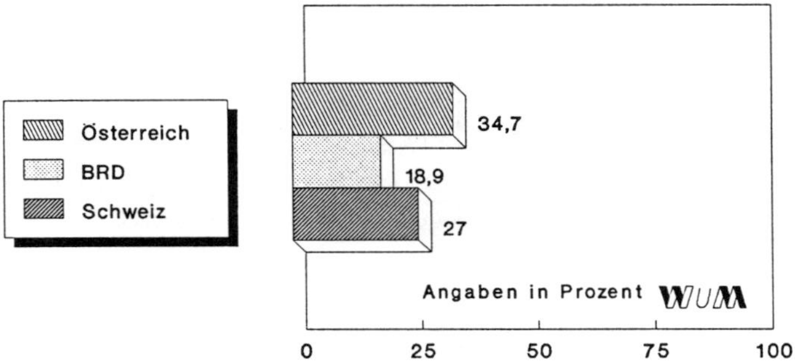

"DAS SELBSTIMAGE DER ÖSTERREICHER"
Erhebungszeitraum: Jänner 1987; N = 122

"Überheblich"

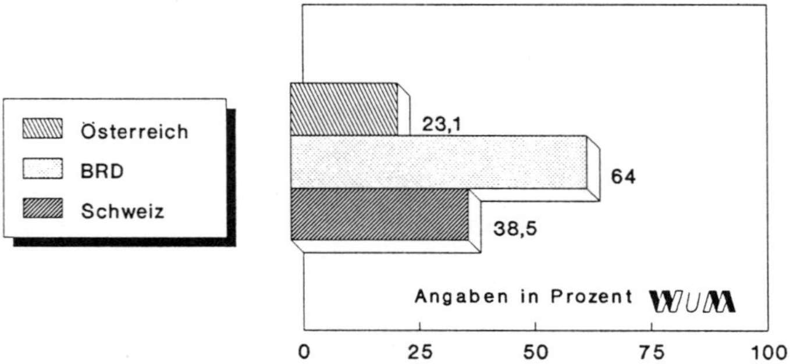

"DAS SELBSTIMAGE DER ÖSTERREICHER"
Erhebungszeitraum: Jänner 1987; N = 278

"Ungerechtes Steuersystem"

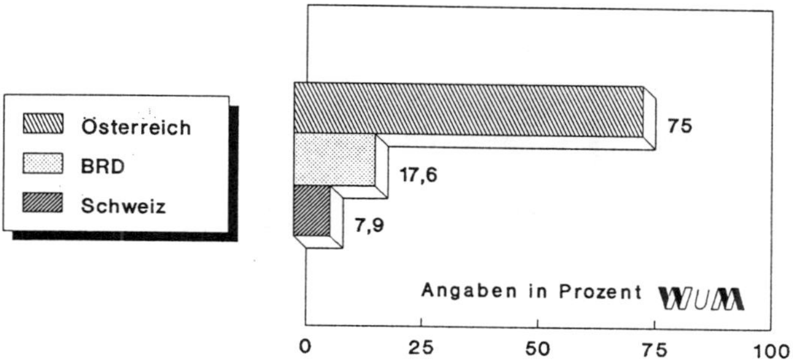

"DAS SELBSTIMAGE DER ÖSTERREICHER"
Erhebungszeitraum: Jänner 1987; N = 278

"Verläßliche Geschäftspartner"

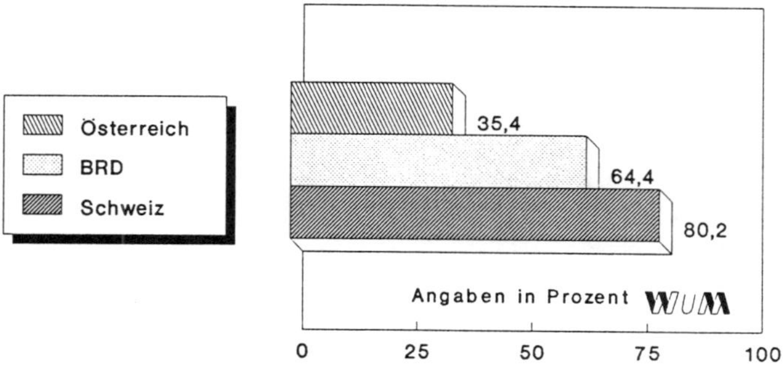

"DAS SELBSTIMAGE DER ÖSTERREICHER"
Erhebungszeitraum: Jänner 1987; N = 278

"Verschmutzte Umwelt"

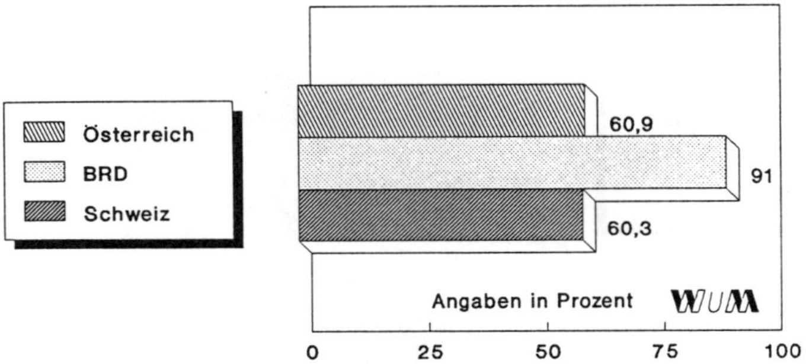

"DAS SELBSTIMAGE DER ÖSTERREICHER"
Erhebungszeitraum: Jänner 1987; N = 156

"Weinskandal"

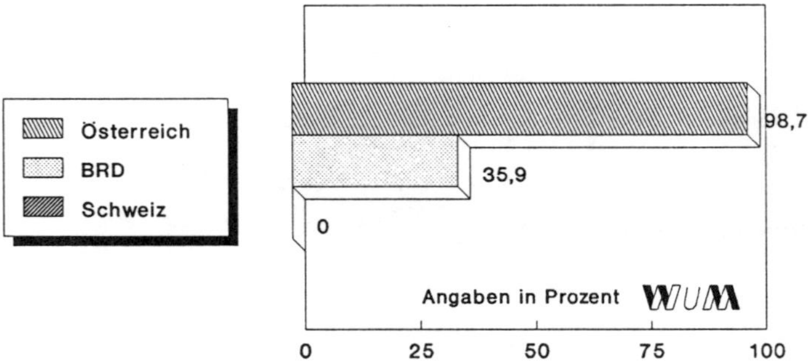

"DAS SELBSTIMAGE DER ÖSTERREICHER"
Erhebungszeitraum: Jänner 1987; N = 156

"Zivilcourage"

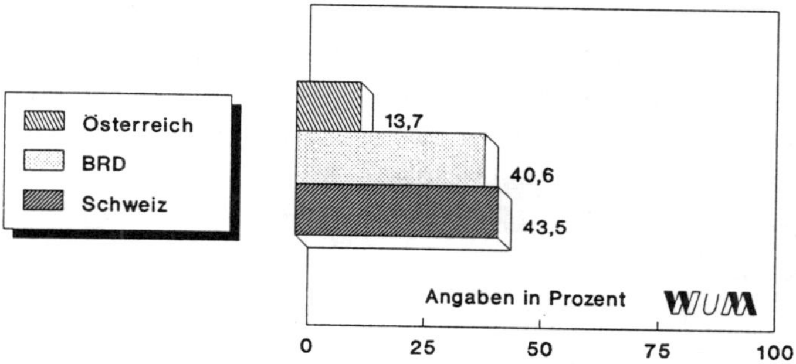

"DAS SELBSTIMAGE DER ÖSTERREICHER"
Erhebungszeitraum: Jänner 1987; N = 278

3.1.5. Die signifikant zugeordneten Worte.

Die Frage Nummer 3 im Fragebogen lautete:

> "Wenn Sie jetzt bitte an die drei Länder BUNDESREPUBLIK DEUTSCHLAND, SCHWEIZ und ÖSTERREICH denken. Ich lese Ihnen einige Begriffe vor und Sie sagen mir spontan, auf welche dieser drei Länder der jeweilige Begriff paßt!
> Der erste Begriff lautet "HISTORISCHE BAUTEN"!
> Paßt dieser Begriff auf die BRD, paßt er auf die SCHWEIZ und paßt er zu ÖSTERREICH? Sie können einen Begriff auf mehrere Länder zuordnen!"
> (INTERV.: Nennung eintragen und diesen Vorgang für alle Begriffe wiederholen!!!)

Auf den folgenden Seiten finden Sie die Zuordnungen der einzelnen Worte bzw. Wortgruppen auf die drei Länder, alphabetisch geordnet.

3.1.5.1. Die signifikant auf ÖSTERREICH zugeordneten Worte.

Ebenso wie bei den Bildern wurden auch hier bei den Worten, bei denen nicht auf den ersten Blick eine hochsignifikante Zuordnung auf ein Land festgestellt werden konnte, zur Feststellung einer Signifikanz T-Tests gerechnet.

Unter Punkt 3.1.5.5. erfolgt eine Trennung nach hochsignifikant und signifikant zugeordneten Worten und genauere Kommentare.

Zur vollständigen Dokumentation werden hier die signifikant zugeordneten Worte vorerst in alphabetischer Reihenfolge wiedergegeben:

- Asyl-Land für politische Flüchtlinge
- Berühmte Chöre
- Charmant
- Gastfreundlich
- Heuriger
- Historische Bauten
- Illegaler Technologietransfer an Ostblockländer
- Kaffeehauskultur
- Klassisches Asyl-Land
- Korruption
- Weinskandal
- Kunst und Kultur
- Land der Skandale
- Musikalisch
- Parteienproporz
- Pflege der Hausmusik
- Qualitätswein
- Renommierte Opern- und Theaterhäuser
- Sängerknaben
- Soziale Sicherheit
- Sozialpartnerschaft
- Ungerechtes Steuersystem

3.1.5.2. Die signifikant auf die BRD zugeordneten Worte.

In alphabetischer Reihenfolge:

Aktuelle Mode	Probleme mit Gastarbeitern
Arbeitslosigkeit	Schickeria
Aufgeschlossen	Streiks
Hoch-Technologie	Terror
Kriminalität	Überheblich
Modern	Verschmutzte Umwelt

3.1.5.3. Die signifikant auf die SCHWEIZ zugeordneten Worte.

In alphabetischer Reihenfolge:

Ausgeprägter Wehrwille	Internationaler Treffpunkt
Ausländerfeindlichkeit	Nationalbewußtsein
Ausreichende Umweltschutz-Maßnahmen	Patriotismus
Direkte Demokratie	Spießbürger
Hohe Moralvorstellungen	Verläßliche Geschäftspartner

3.1.5.4. Die auf keines der Vergleichsländer signifikant zugeordneten Worte.

In alphabetischer Reihenfolge:

Antisemitisch	Ost-West-Spionage
Engstirnig	Positive Lebenseinstellung
Fremdenhaß	Saubere Umwelt
Hohe ethische Werte	Schöne Landschaft
Intoleranz gegenüber Minderheiten	Toleranz gegenüber Minderheiten
Mangelnde Umweltschutz-Maßnahmen	Zivilcourage
Moderne Kunst	

An dieser Stelle sei auch erwähnt, daß lediglich der Wortreiz "Ausreichende Umweltschutzmaßnahmen" signifikant öfter auf die Kategorie "Kein Land" zugeordnet wurde als auf eines der Vergleichsländer. Innerhalb der drei Vergleichsländer wurde es allerdings signifikant am häufigsten mit der Schweiz in Verbindung gebracht.

3.1.6. Die Einordnung der Bilder in Dimensionen.

Wie bereits unter Punkt 1. erwähnt wurde, ist es eine Aufgabe dieser Arbeit, zu untersuchen, ob die hier verwendeten Bilder in die Dimensionen passen, die bereits in abgeschlossenen Studien verwendet wurden, oder ob neue Dimensionen gebildet werden müssen.

Es geschah dies im Rahmen eines Expertengesprächs mit Personen, die entweder selbst Studien zum Image Österreichs im Ausland mit Hilfe der NVI durchgeführt haben, oder von Anfang an als wissenschaftliche Berater sehr in diese Studienreihe integriert waren.

Aus diesen Ergebnissen wird auch zu folgern sein, ob das Selbstimage der Österreicher mit dem Weltimage korreliert, oder ob es sich doch - teilweise oder sogar zur Gänze - in anderen Dimensionen bewegt. Siehe dazu unter Punkt 3.1.9.

3.1.6.1. Die Einordnung der signifikanten Österreich-Bilder in bestehende Dimensionen.

Dimension:		**Bild-Nr:**	**Titel:**
"Berge, schöne Landschaften":	*	41	Ettalkloster/Bayern
		111	Grimselstausee
		211	Weingut Clos-de-Vougeot
"Gutes Essen, Gastronomie":	*	24	Buffet
	*	46	Konditorei
"Historische Bauwerke":	*	5	Museum
	*	44	U-Bahn Karlsplatz
"Klassische Musik":	*	13	Ballnacht
	*	21	Musikverein
	*	249	Hausmusik
"Kunst und Kultur":	*	25	Hofreitschule
	*	29	Theaterloge
	*	33	Kirchenvitrail
"Negative Eigenschaften":		14	Straßenschmutz
		19	Sandler

"Romantik, Melancholie":	*	207	Herbst/Tische
		208	Herbst
"Tradition und Brauchtum":	*	30	Fiaker
	*	32	Tanzfest
	*	49	Wanderjause mit Volksmusik
"Umwelt":		175	Au
"Wein":	*	2	Weinernte
	*	18	G'spritzter
	*	22	Weinprobe
	*	26	Weinfest
	*	45	Frau bei Weinernte
"Wintersport":	*	3	Aprés Ski
		11	Schifahrer/ Tiefschnee
	*	42	Aprés Ski/Schneebar
		50	Schifahrer/ Buckelpiste
		245	Rodeln

(**Legende**: Die mit * gekennzeichneten Bilder werden besonders hoch signifikant auf Österreich zugeordnet, und zwar mit mindestens 80 Prozent und einem mindestens doppelt so hohen Wert wie auf die anderen beiden Länder.)

Auf Grund dieser Aufstellungen wird erkennbar, daß die Dimensionen, die das Weltbild Österreichs ausmachen, nämlich

"Klassische Musik",
"Kunst und Kultur" und **"Historische Bauwerke"** und
"Tradition und Brauchtum"

auch wesentliche, zentrale Dimensionen des Selbstimages der Österreicher sind.

Noch klarer wird diese Feststellung, wenn man weiß, daß kein einziges affektiv zugeordnetes Bild der betreffenden Dimensionen auf eines der beiden anderen Länder signifikant zugeordnet wird (siehe unter Punkt 3.1.13. und. 3.1.14.).
Das einzige Bild aus der Dimension "Historische Bauwerke", das nicht signifikant auf Österreich zugeordnet wurde, sondern stark auf die BRD und die Schweiz, ist das UNO-Gebäude in Genf, von dem nicht ausgeschlossen werden kann, daß das Gebäude erkannt wurde.

Allerdings ist das Selbstbild der Österreicher doch um einiges facettenreicher als das österreichische Weltbild.

Diese Erkenntnis bestätigt auch die von KURZ (1988, S.67 f) aufgestellte **Distanzhypothese**: "Je geringer die geographische Distanz zwischen dem Heimatland der Befragten und Österreich ist, umso stärker wird ihr Österreich-Stereotyp durch Faktenwissen angereichert."

Dieses vermehrte Fachwissen bedingt verständlicherweise auch ein umfang- und facettenreicheres Bild bzw. Image des Landes Österreich:

Von den bereits in Auslands-Studien verwendeten Dimensionen werden diesen Überlegungen folgend noch die Dimensionen

"Gutes Essen, Gastronomie" und

"Wein"

als zentrale Dimensionen des Selbstimages der Österreicher bezeichnet.

3.1.6.2. Die Einordnung der signifikanten Österreich-Bilder in neue Dimensionen.

Als neue Dimensionen bieten sich auf Grund von Expertengesprächen die folgenden an:

Dimension:		**Bild-Nr:**	**Titel:**
"Moderne Bauten":	*	16	UNO-City
	*	114	UNO-City mit Wien
	*	142	Baustelle
		239	Zinskaserne
"Romantik, "Melancholie":		36	Hinterhof
		206	Friedhof
		207	Herbst/Tische
		208	Herbst
	*	234	Vierergruppe
	*	301	Flohmarkt
"Kaffee":	*	34	Wiener Kaffee
		55	Kaffeehaus mit Spiegel
"Geselligkeit":		39	Casino
		39	Casino 2
		73	Dreier Studenten
	*	278	Ringelspiel

Bei diesen neuen, erstmals verwendeten Dimensionen ist zwar keine, die als zentrale Dimension des Selbstimages der Österreicher bezeichnet werden könnte, doch werden die Bilder der Dimensionen

"Romantik, Melancholie" und

"Kaffee"

ausschließlich signifikant auf Österreich zugeordnet, und die Bilder der Dimension

Geselligkeit

entweder auf Österreich oder kein Land.

Daher kann man diese beiden Dimensionen als **weniger stark ausgeprägte Imagefacetten** des Selbstimages der Österreicher bezeichnen.

Zur Dimension **"Moderne Bauten"** sei folgendes vermerkt:

Unter anderem auch wegen des starken Überhanges der Auskunftspersonen im Osten Österreichs darf angenommen werden, daß der Großteil der Befragten die Wiener UNO-City und auch die Baustelle, auf der die markanten Türme der UNO-City bereits erkennbar sind, erkannt hat und daher aus kognitiven Gründen Österreich zuordnet.

Daher ist es wohl auch nicht legitim, diese Dimension Österreich zuzuordnen, zumal die kognitv nicht so leicht zuzuordnenden modernen Bauten entweder signifikant auf die BRD oder auf kein Land signifikant zugeordnet wurden.

Nicht in Dimensionen eingeordnete Bilder:		37	Bürokratie
		101	Raum mit Perserteppich
	*	106	Gasometer
	*	141	Flakturm Wien
		204	Mähdrescher

Die beiden hochsignifikant zugeordneten Bilder wurden sicher zu einem großen Teil als in Wien stehende Gebäude erkannt und Österreich aus kognitiven Gründen zugeordnet und sind daher ohnehin nicht als Dimension des Selbstimages der Österreicher einzusetzen.

Das Bild Mähdrescher ist wohl am ehesten in die Dimension "Berge, schöne Landschaften" einzuordnen oder als Vertreter des Themenkreises "Landwirtschaft" und somit als Vertreter einer weniger stark ausgeprägten Imagefacette zu bezeichnen.

3.1.7. Die Einordnung der Worte in Dimensionen.

Ebenso wie unter Punkt 3.1.6. mit den Bildern wird hier untersucht, ob vor allem die neu verwendeten Wortreize in die schon bisher verwendeten Dimensionen passen, oder ob es notwendig ist, zusätzliche Dimensionen zu bilden.

Auch hier geschah dies im Rahmen von Expertengesprächen mit Personen, die entweder selbst Studien zum Image Österreichs im Ausland durchgeführt haben, oder von Anfang an als wissenschaftliche Berater sehr in diese Studienreihe integriert waren.

Auch aus diesen Ergebnissen und vor allem aus dem Vergleich der Dimensionen, die sich aus den Bildreizen und den Wortreizen ergeben, wird zu folgern sein, ob das Selbstimage der Österreicher mit dem Weltimage korreliert, oder ob es sich doch - teilweise oder sogar zur Gänze - in anderen Dimensionen bewegt. (Siehe dazu unter Punkt 3.1.9.)

3.1.7.1. Die Einordnung der signifikanten Österreich-Worte in bestehende Dimensionen.

Dimension:		**Wort**:
"Historische Bauwerke":	*	Historische Bauten
"Klassische Musik":		Berühmte Chöre
	*	Musikalisch
	*	Pflege der Hausmusik
	*	Sängerknaben
"Kunst und Kultur":	*	Kunst und Kultur
	*	Renommierte Opern- und Theaterhäuser
"Politik, Gesellschaft":		Illegaler Technologie-Transfer an Ostblock-Länder
		Korruption
		Land der Skandale
	*	Parteienproporz
		Ungerechtes Steuersystem
"Wein":	*	Heuriger
	*	Qualitätswein
	*	Weinskandal

(**Legende** siehe nächste Seite)

(**Legende**: Die mit * gekennzeichneten Worte werden besonders hoch signifikant auf Österreich zugeordnet, und zwar mit mindestens 80 Prozent und einem mindestens doppelt so hohen Wert wie auf die beiden anderen Länder.)

Auch hier ist, ähnlich wie bei Untersuchung der signifikanten Bilder-Zuordnungen unter Punkt 3.1.6.1., erkennbar, daß die Dimensionen, die das Weltimage Österreichs ausmachen, nämlich

"Klassische Musik",

"Kunst und Kultur" und "Historische Bauwerke"

auch die wesentlichen Dimensionen des Selbstimages sind.

Lediglich die Dimension "Tradition und Brauchtum" scheint hier nicht auf. Das wäre allerdings auch gar nicht möglich gewesen, da kein Wortreiz aus dieser Dimension getestet wurde.

Ebenso wie bei der Bilderbeurteilung zeigt sich auch hier, daß die Dimension

"Wein"

in wesentlich stärkerem Maß als im Weltimage, nämlich hochsignifikant auf Österreich zugeordnet wird, was, in Zusammenhang mit der Notwendigkeit zusätzlicher Dimensionen ebenso wie die Bilderbeurteilung für die an dieser Stelle erwähnte **Distanzhypothese** (KURZ 1988, S.67 f) spricht.

3.1.7.2. Die Einordnung der signifikanten Österreich-Worte in neue Dimensionen.

Als neue Dimensionen bieten sich auf Grund von Expertengesprächen die folgenden an:

Dimension:	**Wort:**
"Kaffee":	* Kaffeehauskultur
"Geselligkeit":	* Charmant Gastfreundlich
"Sozialstaat":	* Asylland für politische Flüchtlinge Klassisches Asylland Soziale Sicherheit * Sozialpartnerschaft

Auch hier findet sich wie bei der Bilderbeurteilung keine Dimension, die man als zentrale Dimension des Selbstimages der Österreicher bezeichnen könnte, doch bestätigen sich die Dimensionen

"Kaffee" und

"Geselligkeit"

als österreichtypisch, da kein Wortreiz dieser beiden Dimensionen weder einem der beiden Vergleichsländer noch keinem Land signifikant zugeordnet wird.

Wirklich neu ist die Dimension

"Sozialstaat",

die wohl nur sehr schwer auf Bildern dargestellt werden kann und daher auch im Bildersatz nicht vertreten ist.

An dieser Problematik erkennt man bereits eine Schwäche der NVI bei abstrakten Begriffen, die kaum in Bilder umgesetzt werden können (siehe dazu auch unter Punkt 5).

Jedenfalls werden diese drei Dimensionen als **weniger stark ausgeprägte Imagefacetten** des Selbstimages der Österreicher definiert.

3.1.8. Der Vergleich der Bilder- und der Worte-Dimensionen.

Wie schon unter Punkt 3.1.7.2. angeklungen ist, ergänzen sich die ermittelten Dimensionen aus Bilder- und Wortreizen zu einem sehr einheitlichen Selbstimage - auch auf Grund der einander ergänzenden Aussagefähigkeit.

Darum werden hier die sich ergebenden Dimensionen mit den enthaltenen Bilder- und Wortreizen nach folgendem Muster dargestellt:

		"Dimension":		
Bild-Nr.		**Titel**		**Wort**
		"Berge, schöne Landschaften":		
*	41	Ettalkloster/Bayern		
	111	Grimselstausee		
	211	Weingut Clos de Vougeot		
		"Geselligkeit":		
	39	Casino	*	Charmant
	39	Casino 2		Gastfreundlich
	73	Dreier Studenten		
*	278	Ringelspiel		

+ "Gutes Essen, Gastronomie":	
* 24 Buffet * 46 Konditorei	

+ "Historische Bauwerke":	
* 5 Museum * 44 U-Bahn Karlsplatz	* Historische Bauten

"Kaffee":	
* 34 Wiener Kaffee 55 Kaffeehaus mit Spiegel	* Kaffeehauskultur

+ "Klassische Musik":	
* 13 Ballnacht * 21 Musikverein * 249 Hausmusik	Berühmte Chöre * Musikalisch * Pflege der Hausmusik * Sängerknaben

+ "Kunst und Kultur":				
*	25	Hofreitschule	*	Kunst und Kultur
*	29	Theaterloge	*	Renommierte Opern- und Theaterhäuser
*	33	Kirchenvitrail		

"Moderne Bauten":				
*	16	UNO-City		
*	114	UNO-City mit Wien		
*	142	Baustelle		
	239	Zinskaserne		

"Negative Eigenschaften":				
	14	Straßenschmutz		Illegaler Technologie-Transfer an Ostblockländer
	19	Sandler		Korruption
				Land der Skandale
			*	Parteienproporz
				Ungerechtes Steuersystem
			*	Weinskandal

"Romantik":			
	36	Hinterhof	
	206	Friedhof	
	207	Herbst/Tische	
	208	Herbst	
*	234	Vierergruppe	
*	301	Flohmarkt	

"Sozialstaat":		
	*	Asylland für politische Flüchtlinge
		Klassisches Asylland
		Soziale Sicherheit
	*	Sozialpartnerschaft

+ "Tradition und Brauchtum":			
*	30	Fiaker	
*	32	Tanzfest	
*	49	Wanderjause mit Volksmusik	

"Umwelt":			
	175	Au	
*	207	Herbst/Tische	
	208	Herbst	

+ "Wein":				
*	2	Weinernte	*	Heuriger
*	18	G'spritzter	*	Qualitätswein
*	22	Weinprobe		
*	26	Weinfest		
*	45	Frau bei Weinernte		

"Wintersport":			
*	3	Aprés Ski	
	11	Schifahrer/Tief-schnee	
*	42	Aprés Ski/Schneebar	
	50	Schifahrer/Buckel-piste	
	245	Rodeln	

(**Legende** siehe nächste Seite)

(**Legende**: Die mit * gekennzeichneten Bilder bzw. Worte werden besonders hoch auf Österreich zugeordnet, und zwar mit mindestens 80 Prozent und einem mindestens doppelt so hohen Wert wie auf die beiden anderen Länder.

Die mit + gekennzeichneten Dimensionen erwiesen sich als die zentralen Dimensionen des Selbstimages der Österreicher.)

Aus den unter den Punkten 3.1.6.1., 3.1.6.2., 3.1.7.1. und 3.1.7.2. erwähnten Überlegungen und aus dieser Aufstellung ergibt sich das folgende **Selbstbild der Österreicher**:

Zentrale Dimensionen:

"Gutes Essen, Gastronomie",

"Klassische Musik",

"Kunst und Kultur" und **"Historische Bauwerke"**,

"Tradition und Brauchtum",

"Wein".

Weitere Stärken:

"Geselligkeit",

"Kaffee",

"Romantik",

"Sozialstaat" und **"Asylland"**,

"Umwelt",

"Wintersport".

Schwächen bzw. Imagedefizite:

"Internationalität",

"Modernität",

"Wirtschaft".

Eine starke Zuordnung existiert auch in einer Dimension, die deswegen aber nicht als Imagestärke Österreichs bezeichnet werden kann:

"Land der Skandale".

3.1.9. Der Vergleich Selbstimage - Fremdimage.

Vergleicht man das Weltimage Österreichs mit dem Selbstimage, ergeben sich in vielen Dimensionen starke Parallelen, einzelne Dimensionen werden aber doch anders gesehen.

Zu einem großen Teil entspricht das Selbstbild aber dem Fremdbild; zwar mit absolut gesehen höheren Zuordnungen der einzelnen Bilder und Worte, doch mit sehr ähnlichen Verhältnissen der einzelnen Bild- und Wortreize zueinander.

Nach dem Resumée von KURZ (1988, S.116-118) kann man folgendes **Weltimage Österreichs** konstruieren:

Zentrale Dimensionen:

"Klassische Musik",

"Kunst und Kultur" und **"Historische Bauwerke"**,

"Tradition und Brauchtum".

Weitere Stärken:

"Gastronomie",

"Geselligkeit",

"Saubere Umwelt".

<u>**Schwächen bzw. Imagedefizite**</u>:

"Asylland",

"Berge, schöne Landschaften",

"Land der Skandale",

"Modernität",

"Wein",

"Wintersport",

"Wirtschaft".

Verglichen mit dem unter Punkt 3.1.8. skizzierten Selbstimage der Österreicher, erkennt man, daß die zentralen Dimensionen des Weltimages auch zu den zentralen Dimensionen des Selbstimages zählen.

Ergänzt werden diese Dimensionen einerseits um Dimensionen, die im Weltimage schwächer als österreichtypisch gelten oder sogar als Image-Schwäche erlebt werden und andererseits um Dimensionen, die sich aus erstmals verwendeten Bildern und Worten ergeben.

Bemerkenswert ist, daß sich die Österreicher trotz der eindeutigen Zuordnung des Weinskandals auf das eigene Land, als signifikant stärkere "**Wein**"-Nation als die beiden Vergleichsländer erleben. Das ist vor allem erstaunlich, weil die BRD im Weltimage eindeutig als das Weinland Nummer 1 in diesem Länder-Tripel gilt.

Auch die Dimensionen "**Berge, schöne Landschaften**" und "**Wintersport**" werden, im Gegensatz zum Weltimage, wo die Schweiz als typisches Wintersportland gilt, sehr stark auf Österreich zugeordnet, nämlich in mindestens gleichem Ausmaß wie auf die Schweiz.

Interessant ist auch, daß sich die Österreicher selbst viel stärker als "**Land der Skandale**" sehen als das im Ausland der Fall ist. KURZ (1988, S.117-118) weist hier als mögliche Erklärung auf die Unterscheidung zwischen **öffentlicher** und **veröffentlichter Meinung** hin und daraus folgend auf die "fatale Wirkung der eher sorglosen Berichterstattung auf das Meinungsklima in Österreich mit allen damit verbundenen Konsequenzen (z.B. Erzeugung von Fremdenhaß und Antipathie gegenüber Ausländern)."

Wie unter Punkt 3.1.3.4. bereits ausführlich beschrieben liegt der Grund für die generell stärkere Zuordnung der Bild-und Wortreize einerseits im Nationalbewußtsein und vor allem in der Tatsache, daß vor allem Bilder, aber auch Worte (etwa "Heuriger" oder "Weinskandal") rational Österreich zugeordnet werden und somit übermäßig hohe Werte verursachen.

3.1.10. Der Vergleich von Bildern der selben Dimension bzw. des selben Themas.

In der Graphik werden die Bilder nicht wie in den verschiedenen Übersichtstabellen nach ihrer Archiv-Nummer geordnet, sondern nach der Rangfolge der Zuordnung auf Österreich.

Zur Dimension "**Kunst und Kultur**" werden folgende Bilder miteinander verglichen:

21 Musikverein,
25 Hofreitschule,
29 Theaterloge.

Die sehr hohe Zuordnung der beiden Bilder "Musikverein" und "Hofreitschule" erscheint zwar auf Grund der Tatsache, daß diese Dimension eine zentrale des Selbstimages der Österreicher ist, nicht allzu überraschend. In Zusammenhang mit den äußerst niedrigen Zuordnungen auf die beiden Vergleichsländer wird allerdings klar, daß vor allem das Bild "Hofreitschule", aber sehr wahrscheinlich auch das Bild "Musikverein" als in Wien, also Österreich, aufgenommen erkannt und somit kognitiv auf Österreich zugeordnet wurde.

Das ist auch mit der Struktur der Befragten erklärbar, die - wie unter Punkt 3.1.1. ausgeführt - zu 55 Prozent in Wien und zu 70 Prozent im Osten Österreichs (Wien, Niederösterreich, Burgenland) wohnen und die Bilderinhalte entweder in Natura oder wenigstens am TV-Schirm bereits gesehen haben.

Daher müssen wir uns vor allem an dem Bild "Theaterloge", das nur von einem speziellen Experten kognitiv zugeordnet werden kann, orientieren.

Trotzdem steht wohl zweifelsfrei fest, daß die Dimension "Kunst und Kultur" signifikant auf Österreich zugeordnet wird.

Vergleich der Zuordnungen der Bilder zum Thema "Kunst und Kultur"

(Angaben in Prozent)

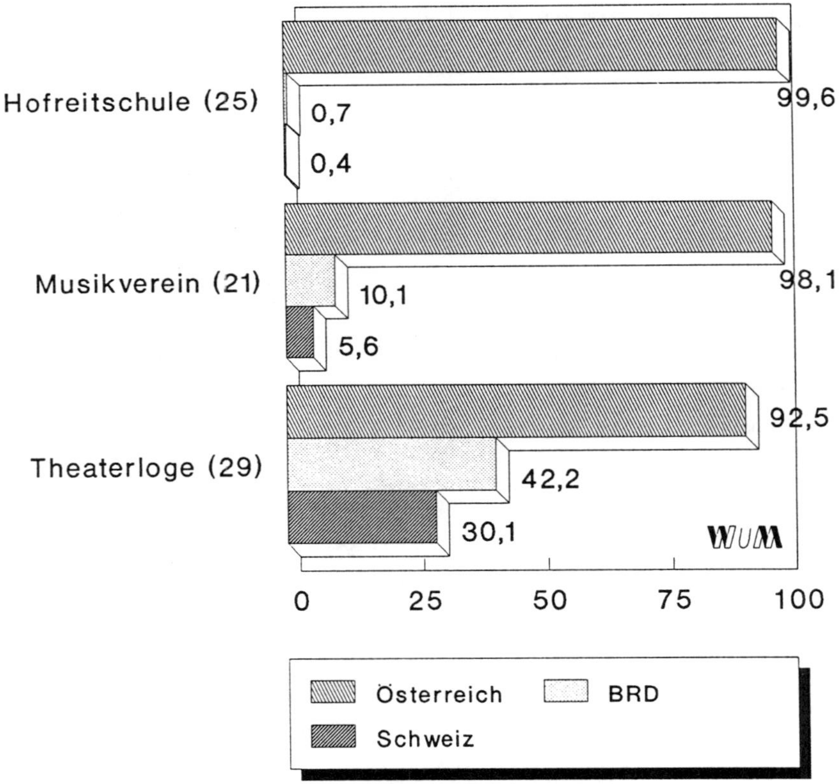

DAS SELBSTIMAGE DER ÖSTERREICHER
Erhebungszeitraum: Jänner 1987; N=268

Neben dem hier dargestellten Bilder-Vergleich der Dimension "Kunst und Kultur" wurden auch in den Dimensionen bzw. Themen "Wein", "Häuserfronten", "Umweltverschmutzung", "Wintersport", "Herbst", "Berge, schöne Landschaft", "Kaffee", "UNO-City" und "Bemalte Wände" Bild-Vergleiche angestellt.

Da in diesen Vergleichen die Berechtigung der Zusammenfassung zu den verwendeten Dimensionen durchwegs bestätigt wurde, sind diese Ergebnisse hier nicht dokumentiert, können aber bei MARTINEK 1990 nachgelesen werden.

3.1.11. Der Vergleich von Worten.

Auch zu diesem Punkt werden hier nur ein paar Beispiele herausgenommen, um die Methode und zwei interessante Ergebnisse herauszustreichen. Die Beispiele sind sowohl Vergleiche von ähnlichen wie auch von gegensätzlichen Wortpaaren. Die übrigen untersuchten Vergleiche sind bei MARTINEK 1990 zu finden.

Zur Dimension "**Klassische Musik**" werden folgende Worte miteinander verglichen:

Berühmte Chöre,
Musikalisch,
Pflege der Hausmusik,
Sängerknaben.

Grundsätzlich zu erkennen ist, daß diese Dimension signifikant auf Österreich zugeordnet wird. Allerdings mit sehr interessanten Facetten.
Daß der Wortreiz ngerknaben" so hochsignifikant auf Österreich zugeordnet wird, ist wohl damit zu begründen, daß der Österreicher bei dem Wort "Sängerknaben" sofort an die "Wiener Sängerknaben" denkt und sie sofort kognitiv auf Österreich zuordnet.

Die Stärke der BRD auf dem Gebiet "Berühmte Chöre" kommt nicht von ungefähr, da etwa die "Fischer-Chöre" auch in Österreich sehr bekannt sind.

Erstaunlich ist allerdings die hohe Zuordnung von "Pflege der Hausmusik" auf die Schweiz, die sonst in dieser Dimension weit schwächer zugeordnet wird und hinter der BRD rangiert.

Zur Dimension "**Kunst und Kultur**" werden folgende Worte miteinander verglichen:

Kunst und Kultur,

Moderne Kunst,

Renommierte Opern- und Theaterhäuser.

Vergleicht man die beiden Wortreize "Kunst und Kultur" und "Renommierte Opern- und Theaterhäuser" miteinander, so erkennt man auf einen Blick, daß erstens Österreich signifikant stärker als Land der Kunst und Kultur erlebt wird, und daß zweitens mit dem Ausdruck "Kunst und Kultur" die traditionelle, althergebrachte Kunst verstanden wird.

Interessant erscheint in diesem Zusammenhang, daß beinahe die Hälfte der Auskunftspersonen diese Dimension der BRD zuordnet, die also in den Augen der Österreicher auch ein recht starkes "Kunst und Kultur"-Image besitzt.

Denn die "Moderne Kunst" wird zwar auch auf kein anderes Land signifikant, aber auch weit weniger auf Österreich zugeordnet.

Die starke Zuordnung auf die BRD dürfte wohl mehr auf das Reizwort "Modern" als auf das Reizwort "Kultur" zurückzuführen sein.

"Musikalisch" vs. "Pflege der Hausmusik" "Sängerknaben" vs. "Berühmte Chöre"

(Wortreize; Angaben in Prozent)

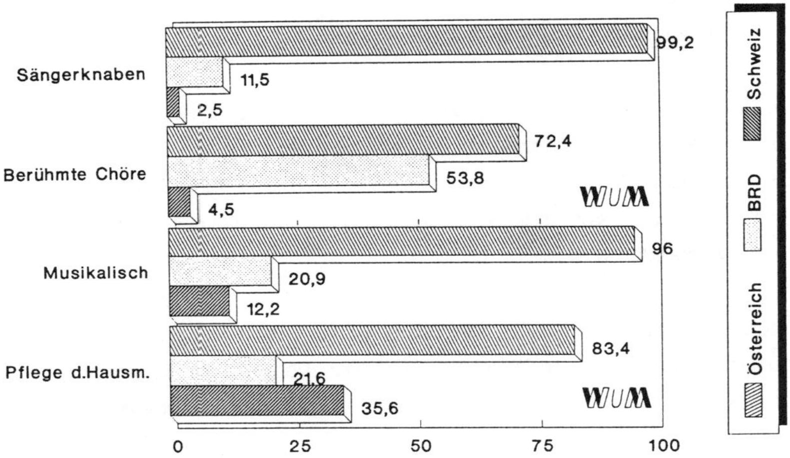

"DAS SELBSTIMAGE DER ÖSTERREICHER"
Erhebungszeitraum: Jänner 1987
Musikal.: N=278; Pflege d.Hausm.: N=278
Sängerknaben: N=122; Ber. Chöre: N=156

"Kunst und Kultur"vs"Renommierte Opern- und Theaterhäuser" vs."Moderne Kunst"

(Wortreize; Angaben in Prozent)

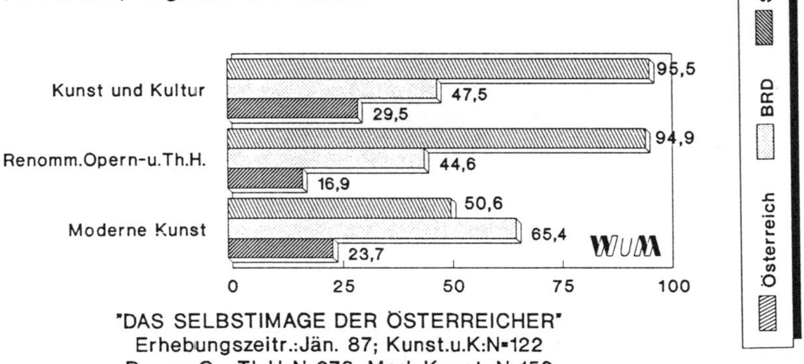

"DAS SELBSTIMAGE DER ÖSTERREICHER"
Erhebungszeitr.:Jän. 87; Kunst.u.K:N=122
Renom.O.u.Th.H.:N=278; Mod. Kunst: N=156

Zum Thema **"Ausländer"** werden folgende Worte miteinander verglichen:

Ausländerfeindlichkeit,

Fremdenhaß,

Probleme mit Gastarbeitern.

Diese drei Wortreize werden interessanterweise doch recht unterschiedlich auf die drei Länder zugeordnet.

So hat in den Augen der Österreicher die BRD signifikant größere Probleme mit Gastarbeitern als die beiden Vergleichsländer.

Trotz der hohen Zuordnung der "Ausländerfeindlichkeit" auch auf Österreich und die BRD wird die Schweiz doch signifikant als das Land mit der höchsten Ausländerfeindlichkeit erlebt.

Bedenklich stimmt, daß das starke Wort "Fremdenhaß", das zwar keinem Land signifikant zugeordnet wird, doch in so hohem Maß den drei Vergleichsländern zugeordnet wird.

Zusammenfassend läßt sich sagen, daß alle drei Länder in der Einschätzung der Österreicher Probleme mit Ausländern haben, allerdings in unterschiedlichen Bereichen.

Zum Thema "**Sozialstaat**" werden folgende Worte miteinander verglichen:

Soziale Sicherheit,

Sozialpartnerschaft.

Hier wurde das Wort "Sozialpartnerschaft" wohl als einzigartige, österreichisches Spezifikum erkannt und somit kognitiv auf Österreich zugeordnet.

Trotzdem ist Österreich unbedingt als der "Sozialstaat" unter den drei verglichenen Ländern zu bezeichnen, zumal auch der Wortreiz "Soziale Sicherheit" signifikant auf Österreich zugeordnet wird.

Aber auch die BRD und vor allem die Schweiz werden als Länder mit hoher sozialer Sicherheit erlebt.

"Probleme mit Gastarbeitern" vs. "Ausländerfeindlichkeit" vs. "Fremdenhaß"

(Wortreize; Angaben in Prozent)

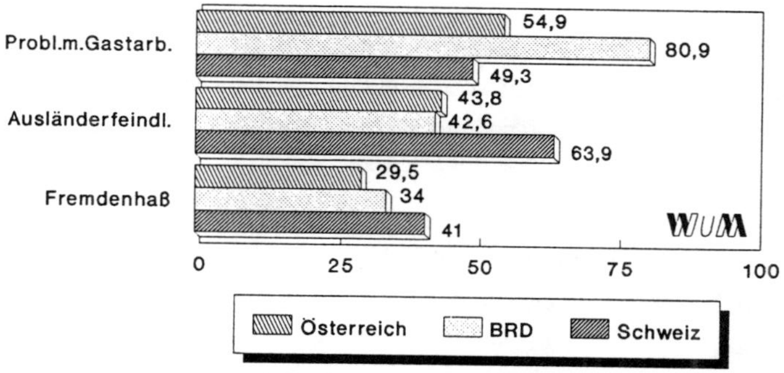

"DAS SELBSTIMAGE DER ÖSTERREICHER"
Erhebungszeitr.:Jän. 87; Probl.m.G:N=278
Ausländerf.: N=122; Fremdenhaß: N=156

"Sozialpartnerschaft" vs. "Soziale Sicherheit"

(Wortreize; Angaben in Prozent)

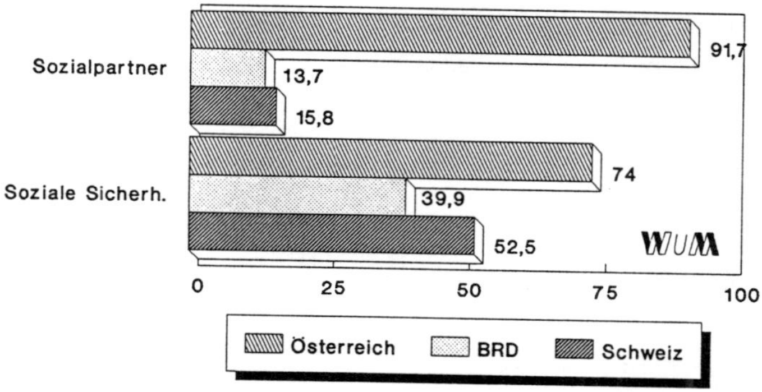

"DAS SELBSTIMAGE DER ÖSTERREICHER"
Erhebungszeitraum: Jänner 1987; N = 278

Zur Dimension "**Wein**" werden folgende Worte miteinander verglichen:

Heuriger,

Qualitätswein,

Weinskandal.

Hier ist zu bedenken, daß das Wort "Heuriger" als typisch österreichisch gilt und daher nur bedingt als repräsentativ für die Dimension "Wein" gesehen werden kann.

Ein interessantes Phänomen ist, daß sowohl das Wort "Qualitätswein" als auch das Wort "Weinskandal" als signifikant österreichisch erlebt wird.

Das mag darauf zurückzuführen sein, daß die Österreicher zwar wissen, daß es in Österreich den aufsehenerregenden Weinskandal gegeben hat, aber trotzdem der Meinung sind, daß in Österreich nach wie vor Qualitätswein produziert wird.

Möglicherweise geht es für den Österreicher nicht zusammen, einerseits beim Heurigen Wein zu konsumieren und andererseits keinen Qualitätswein zu haben.

Erstaunlich ist, daß das Wort "Weinskandal" auch deutlich auf die BRD zugeordnet wird, denn wo ist dieser Weinskandal?

"Heuriger" vs. "Weinskandal" vs. "Qualitätswein"

(Wortreize; Angaben in Prozent)

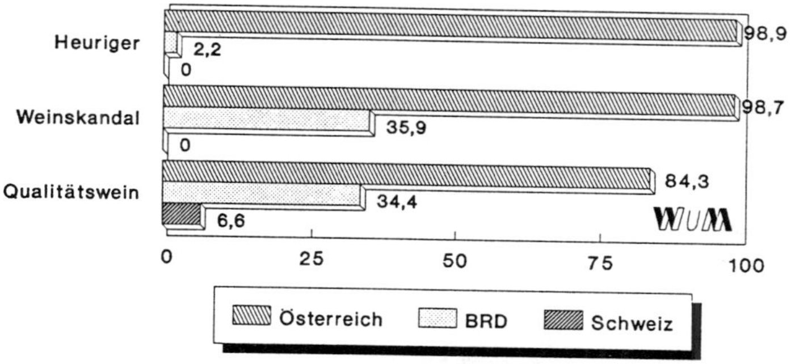

"DAS SELBSTIMAGE DER ÖSTERREICHER"
Erhebungszeitr.:Jän. 87; Heuriger: N=278
Weinskandal: N=156; Qualitätswein: N=122

3.1.12. Der Vergleich von Bildern und Worten der selben Dimension.

Zur endgültigen Bildung der Dimensionen war es wichtig, die Bilder- und Wortzuordnungen miteinander zu vergleichen, um zu untersuchen, ob die Bilder und Worte, die die gleichen Dimensionen ausdrücken sollen, das auch tatsächlich tun.

Zur Dimension "**Berge, schöne Landschaften**" werden folgendes Wort und folgende Bilder miteinander verglichen:

Wort	Schöne Landschaft,
Bild 7	Alpenhaus,
Bild 17	Hinterstoder.

Diese Dimension ist wieder eine, bei der man sieht, wie gut Worte und Bilder einander ergänzen können.

Man sieht hier sehr gut die statistisch nicht vorhandenen Unterschiede in der Zuordnung auf Österreich und die Schweiz. Der Wortreiz und die Bilder werden beiden Ländern in gleichem Ausmaß zugeordnet.

Österreich und die Schweiz haben zwar beide eine Imagestärke in dieser Dimension, aber kein Land einen Vorsprung gegenüber dem anderen.

Nicht verwunderlich ist die signifikant höhere Zuordnung des Wortreizes gegenüber den Bildern auf die BRD, da im Wortreiz die Berge fehlen, die den wahrscheinlich wichtigsten Teil des Bildinhaltes ausmachen. Und Berge werden offensichtlich kaum in der BRD gesucht.

Vergleich der Zuordnungen der Wortreize und Bilder zum Thema "Landschaft"

(Angaben in Prozent)

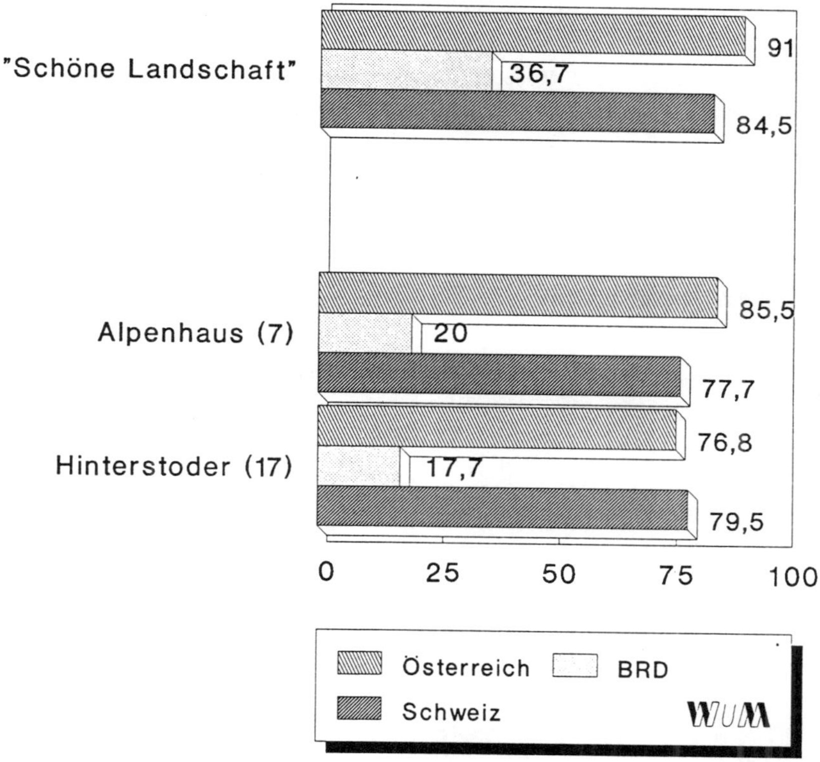

"DAS SELBSTIMAGE DER ÖSTERREICHER"
Erhebungszeitraum: Jänner 1987
Schöne Landschaft: N=278; Bilder: N=220

Zur Dimension "**Historische Bauten**" wurden folgendes Wort und Bild miteinander verglichen:

Wort	Historische Bauten,
Bild 5	Museum.

Hier wird das Problem der kognitiven Zuordnungen besonders deutlich.

Man sieht, daß das Bild "Museum", das von vielen Auskunftspersonen, nicht nur von den 70 Prozent Ost-Österreichern, als in Wien aufgenommen erkannt wurde, hoch signifikant seltener auf die BRD und die Schweiz zugeordnet wird als der Wortreiz "Historische Bauten".

Es werden also vor allem der BRD auch historische Bauten zugestanden, aber nicht das Wiener Museum.

Trotzdem ist die Dimension "Historische Bauten" eine hoch-signifikant österreichische.

Vergleich der Zuordnungen des Wortreizes "Historische Bauten" m.dem Bild "Museum"

(Angaben in Prozent)

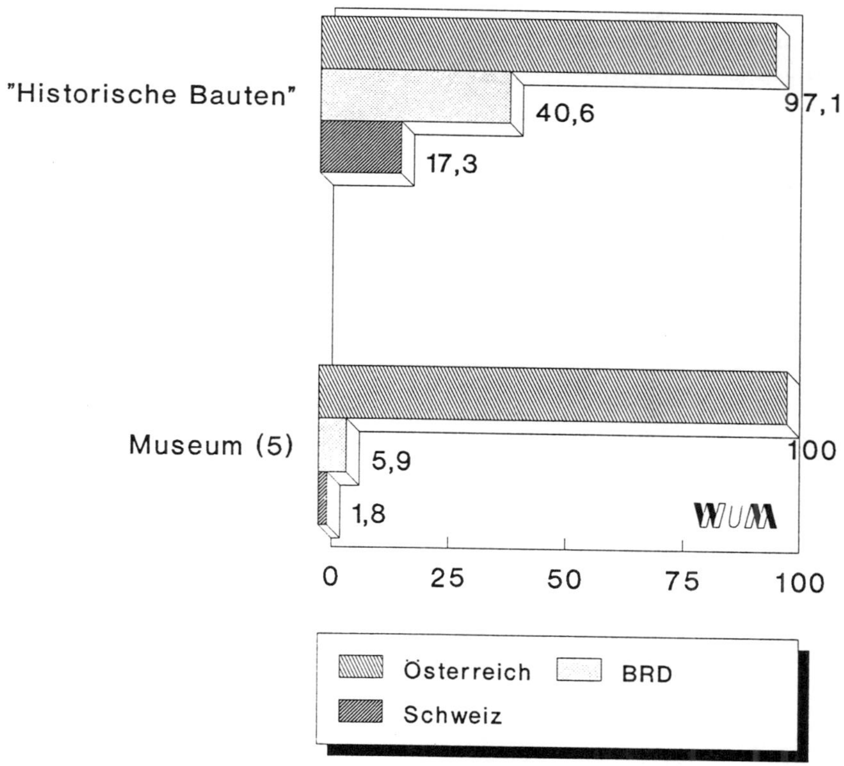

"DAS SELBSTIMAGE DER ÖSTERREICHER"
Erhebungszeitraum: Jänner 1987
Histor.Bauten: N=278; Museum: N=220

Zur Dimension "**Kaffee**" werden folgendes Wort und folgende Bilder miteinander verglichen:

Wort	Kaffeehauskultur,
Bild 34	Wiener Kaffee,
Bild 55	Kaffeehaus mit Spiegel.

Berücksichtigt man das bereits weiter oben beschriebene Problem, daß das Bild "Kaffeehaus mit Spiegel" wahrscheinlich von vielen Auskunftspersonen nicht als Kaffeehaus erkannt wurde, so läßt sich hier eine Kontinuität zwischen Bild und Wort feststellen, indem die Dimension "Kaffeekultur" in beiden Fällen hochsignifikant auf Österreich zugeordnet wird.

Vergleich der Zuordnungen der Wortreize und Bilder zum Thema "Kaffee"

(Angaben in Prozent)

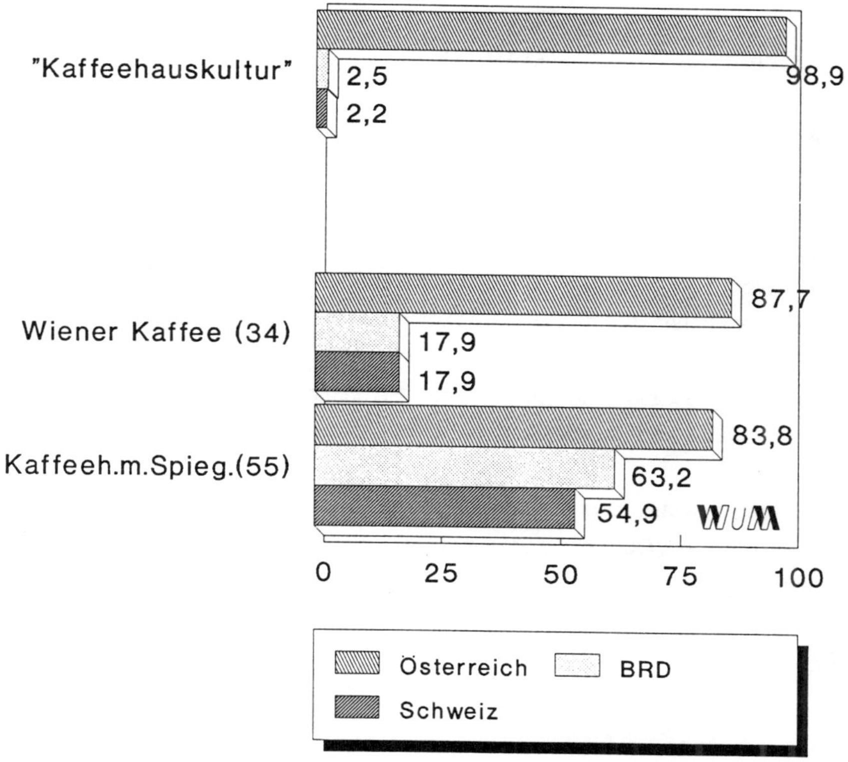

"DAS SELBSTIMAGE DER ÖSTERREICHER"
Erhebung: Jänner 1987; Wort: N=278
Wr. Kaffee: N=56; Kaffeeh.m.Spi.: N=277

Zur Dimension "**Klassische Musik**" werden folgende Worte und Bilder miteinander verglichen:

Wort	Berühmte Chöre,
Wort	Musikalisch,
Wort	Pflege der Hausmusik,
Wort	Sängerknaben,
Bild 21	Musikverein,
Bild 249	Hausmusik.

Abgesehen von der eindeutig signifikanten Zuordnung dieser Dimension auf Österreich gibt es hier doch einiges zu beachten.

Wie bereits weiter oben ausgeführt, ist die Gefahr des kognitiven Erkennens bei dem Wort "Sängerknaben" und bei dem Bild "Musikverein" sehr groß, wodurch die extrem hohen Zuordnungen auf Österreich mit Vorsicht zu genießen sind.

Auch die hohe Zuordnung des Wortreizes "Berühmte Chöre" ist, wie bereits weiter oben erwähnt, kognitiv erklärbar.

Interessant ist außerdem die vergleichsweise starke Zuordnung der "Hausmusik" in Bild und Wort. Obwohl die Schweiz mit klassischer Musik kaum in Zusammenhang gebracht wird, wird ihr doch eine vergleichsweise hohe Kompetenz für Hausmusik zugebilligt.

Vergleich der Zuordnungen der Wortreize und Bilder zum Thema "Musik"

(Angaben in Prozent)

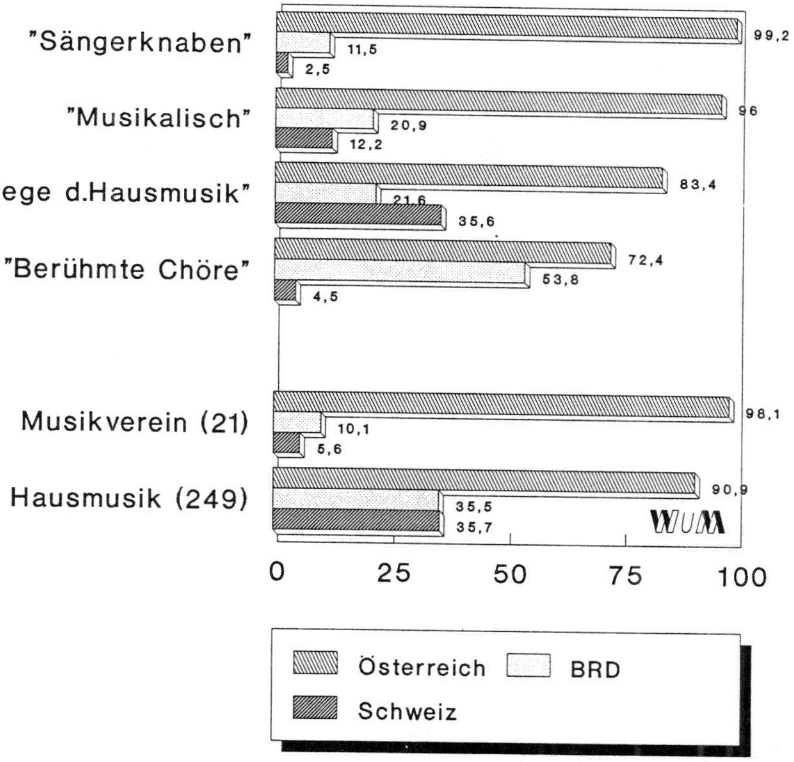

DAS SELBSTIMAGE DER ÖSTERREICHER
Erhebungszeitraum: Jän. 87; Worte: N=278
Musikverein: N=268; Hausmusik: N=276

Zum Thema "**Korruption**" werden folgendes Wort und Bild miteinander verglichen:

Wort	Korruption,
Bild 316	Kofferübergabe.

Obwohl das Wort "Korruption" aus der Dimension "Land der Skandale", die als signifikante Österreich-Dimension ermittelt wurde, signifikant auf Österreich zugeordnet wurde, ergibt sich bei dem Bild "Kofferübergabe", das diese Dimension nach Expertenurteilen ausdrücken sollte, keine Signifikanz.

Das kann man durchaus als Indiz dafür sehen, daß manche Dimensionen bzw. Themen durch Wortzuordnungen eindeutig besser abzubilden sind als durch Bildzuordnungen.

So ist etwa die Dimension "Land der Skandale" bzw. das Thema "Korruption" fast unmöglich durch Bilder visualisierbar und durch Worte viel besser zu erfassen.

Vergleich der Zuordnungen der Wortreize und Bilder zum Thema "Korruption"

(Angaben in Prozent)

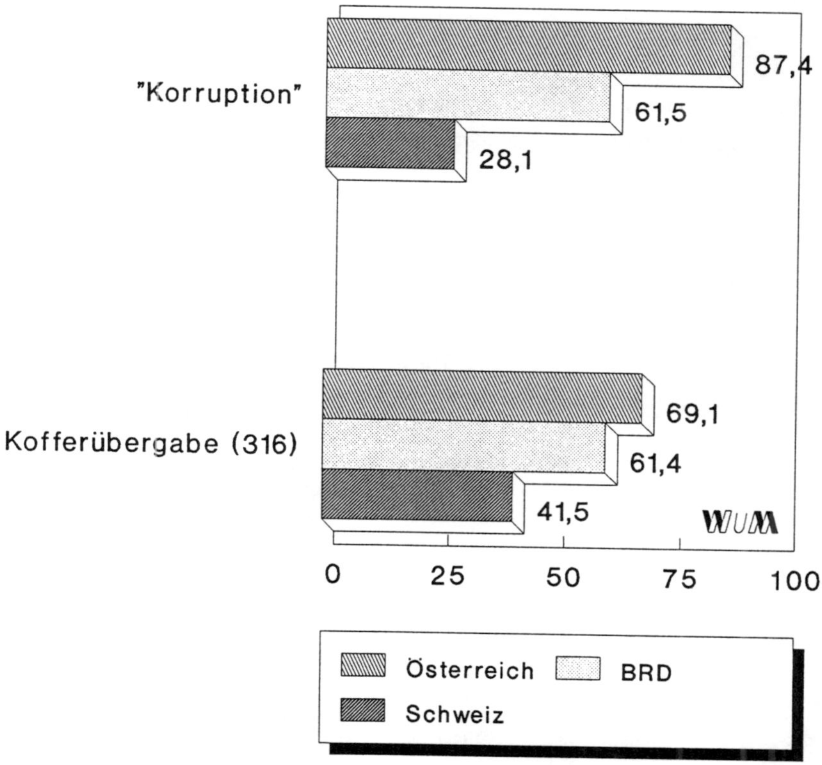

DAS SELBSTIMAGE DER ÖSTERREICHER
Erhebungszeitraum: Jänner 1987

Zur Dimension "**Kunst und Kultur**" werden folgende Worte und Bilder miteinander verglichen:

Wort	Kunst und Kultur,
Wort	Renommierte Opern- und Theaterhäuser,
Bild 21	Musikverein,
Bild 25	Hofreitschule,
Bild 29	Theaterloge.

Auch hier ist trotz der hoch-signifikanten Zuordnung dieser Dimension auf Österreich vor kognitiven Zuordnungen zu warnen.

Denn die signifikant niedrigeren Zuordnungen der Bilder "Musikverein" und "Hofreitschule" auf die BRD und die Schweiz sind, wie bereits weiter oben ausgeführt, sicherlich auf kognitive Zuordnungen zurückzuführen.

Die beiden Wortreize und das Bild "Theaterloge" zeigen aber wunderbar, wie sich Bild- und Wortzuordnungen ergänzen und ein signifikantes Ergebnis liefern können.

Vergleich der Zuordnungen der Wortreize und Bilder zum Thema "Kunst und Kultur"

(Angaben in Prozent)

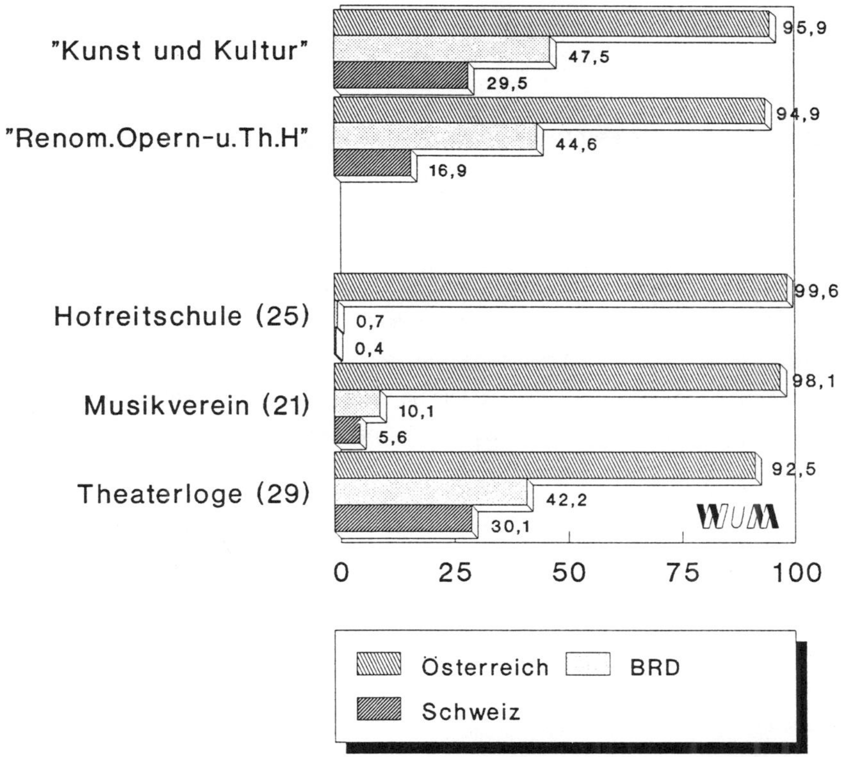

"DAS SELBSTIMAGE DER ÖSTERREICHER"
Erhebung: Jänner 1987; Bilder: N=268
Ku.u.Ku.: N=278; Renom.O.u.Th.H.:N=278

Zum Thema **"Umweltverschmutzung"** werden folgende Worte und Bilder miteinander verglichen:

Wort	Mangelnde Umweltschutz-Maßnahmen,
Wort	Verschmutzte Umwelt,
Bild 14	Straßenschmutz,
Bild 38	Tote Fische,
Bild 40	Waldsterben,
Bild 209	Mistkübel.

Das erste, was zu dieser Dimension ins Auge springt, ist, daß alle drei Vergleichsländer in den Augen der Österreicher Probleme mit der Umweltverschmutzung haben, allerdings in unterschiedlichen Bereichen.

Die größte Umweltverschmutzung wird zwar der BRD angelastet, was durch die signifikante Zuordnung von drei Items verdeutlicht, doch hat Österreich zusätzlich zur allgemein hoch zugeordneten Umweltverschmutzung unter dem Problem der verschmutzten Städte zu leiden und die Schweiz neben der BRD mit dem bekannt schmutzigen Rhein die Auswirkungen der Chemiewerk-Ausflüsse zu tragen.

Vergleich der Zuordnungen der Wortreize u.Bilder zum Thema "Umweltverschmutzung"

(Angaben in Prozent)

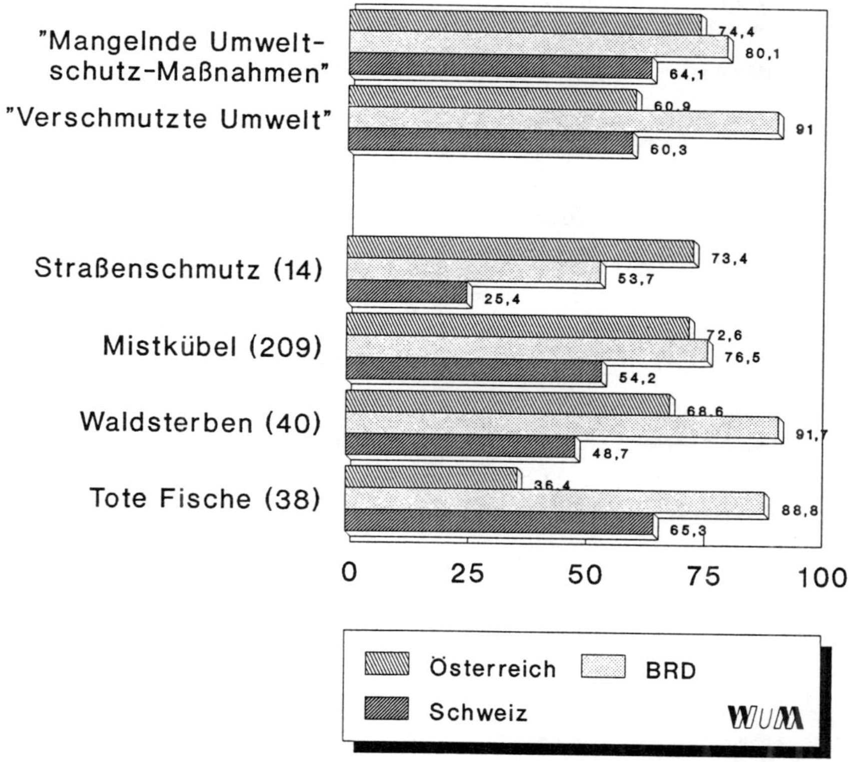

DAS SELBSTIMAGE DER ÖSTERREICHER
Erhebungszeitraum: Jän. 87; Worte: N=156
Bld.14:N=268; B.209&38:N=277; B.40:N=156

Zur Dimension **"Wein"** werden folgende Worte und Bilder miteinander verglichen:

Wort	Heuriger,
Wort	Qualitätswein,
Bild 2	Weinernte,
Bild 18	G'spritzter,
Bild 22	Weinprobe,
Bild 26	Weinfest,
Bild 45	Frau bei Weinernte.

Auch hier gilt, wie bereits weiter oben ausführlich beschrieben, das Problem des kognitiven Erkennens des Bildes "G'spritzter", der in der BRD zudem Schorle heißt, und der daraus resultierenden extrem hoch-signifikanten Zuordnung des Bildes auf Österreich.

Ebenso ist die extrem hoch-signifikante Zuordnung des als österreich-typisch bekannten Wortes "Heuriger" mit Vorsicht zu genießen.

Trotzdem gilt gemeinsam mit den weiter oben erläuterten Überlegungen, daß die Österreich das eigene Land signifikant mehr als Weinland erleben als die beiden Vergleichsländer.

Vergleich der Zuordnungen der Wortreize und der Bilder zum Thema "Wein"

(Angaben in Prozent)

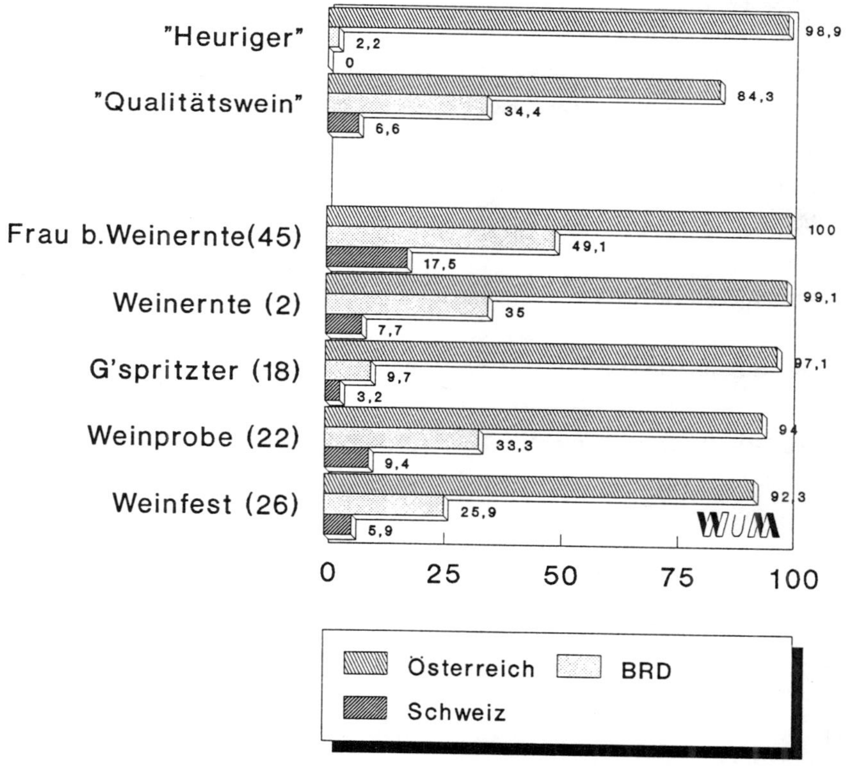

DAS SELBSTIMAGE DER ÖSTERREICHER; Jän 87
Heurig.:N=278; Qual.W.:N=122; B.45:N=57
Bild 2u26:N=220; B.18:N=277; B.22:N=267

3.1.13. Das Image der BRD aus der Sicht der Österreicher.

Nachdem in dieser Studie das Selbstimage der Österreicher in Relation zum Image der BRD und der Schweiz erhoben wurde, wird an dieser Stelle auch das sich daraus ergebende Image der BRD und unter Punkt 3.1.14. das der Schweiz dargestellt.

Dazu werden zunächst diejenigen Dimensionen präsentiert, in denen sich die BRD von Österreich und der Schweiz signifikant abhebt, da in diesen Dimensionen keinem anderen Land Bild- oder Wortreize affektiv signifikant zugeordnet wurden. Denn die auf Österreich in den betreffenden Dimensionen zugeordneten Bild- und Wortreize sind auf kognitive Zuordnung durch Erkennen zurückzuführen.

Anschließend werden diese Ergebnisse dann kommentiert.

Starke Dimensionen:	**Bild bzw. Wort**:	
"**Modern, moderne Bauten**":	Bild 35	Fassade
	Bild 236	Graffiti
	Bild 238	Betonhaus
	Wort	Aktuelle Mode
	Wort	Aufgeschlossen
	Wort	Hoch-Technologie
	Wort	Modern

"Negative Eigenschaften":	Bild 38	Tote Fische
	Bild 40	Waldsterben
	Bild 43	Chemie Linz
	Wort	Arbeitslosigkeit
	Wort	Probleme mit Gastarbeitern
	Wort	Streiks
	Wort	Terror
	Wort	Überheblich
	Wort	Verschmutzte Umwelt

"Nicht einzuordnende Bilder und Worte":	Bild 62	Telefon-Mann
	Bild 256	Soldatin mit Gewehr
	Bild 318	Münchhausen
	Wort	Schickeria

Das Image der BRD aus der Sicht der Österreicher entspricht also bei Betrachtung der hier vorliegenden Ergebnisse zum größten Teil sehr gut dem Weltimage der BRD, das laut KURZ (1988) auf vier Säulen beruht:

* **Exzellentes Wirtschaftsimage**
* **Modernes Land**
* **Land mit starker Umweltverschmutzung**
* **Skandale**

Auch aus der Sicht der Österreicher ist die BRD, verglichen mit Österreich und der Schweiz, das Land, das am meisten mit den "**Negativen Eigenschaften**" behaftet ist.

Auch "**Modernität**" wird sowohl bei der Bild- wie auch bei der Wort-Zuordnung signifikant stark mit der BRD gleichgesetzt.

Es ist allerdings zu beachten, daß die BRD trotz der bestehenden Dominanz Österreichs in der Dimension "**Kunst und Kultur**" ein relativ starkes Image in diesem Bereich aufweist.

Darüberhinaus erweist sich die BRD als sehr stark mit hohen Zuordnungen in der Dimension "**Geselligkeit**", wo sie in vielen Bereichen keinen signifikanten Nachteil gegenüber Österreich aufweist.

Auch das weltweit starke "**Wirtschaftsimage**" bleibt der BRD aus der Sicht der Österreicher erhalten.

3.1.14. Das Image der Schweiz aus der Sicht der Österreicher.

Es wird zwar nur ein einziges Bild der Schweiz signifikant öfter zugeordnet, und zwar das von **Lausanne**, bei dem auch die große Gefahr besteht, daß es kognitiv erkannt wurde und somit die Signifikanz des Ergebnisses zu hoch erscheint.

Trotzdem ergeben sich auf Grund der Bilderzuordnungen starke Dimensionen für das Image der Schweiz, in denen sie sich zwar nicht von den Vergleichsländern, vor allem Österreich, abhebt, aber doch als starker Vertreter der betreffenden Dimensionen erlebt wird.

Es ist dies vor allem die Dimension "**Berge, schöne Landschaft**", in der die Schweiz als gleich stark wie Österreich erlebt wird, vor allem wenn Berge im Bild sind.

Ebenso gilt die Dimension "**Wintersport**" als eine sehr starke Schweiz-Dimension, vor allem in der speziellen Bedeutung "Schifahren", allerdings nicht so sehr im "Aprés Ski", wo Österreich als signifikant stärker erlebt wird.

Auf Grund der Wort-Zuordnungen ergeben sich aber doch zwei Dimensionen, deren Wort-Vertreter keinem Vergleichsland signifikant zugeordnet werden und die somit als **Imagestärken der Schweiz** zu sehen sind und durch Bilder wohl kaum auszudrücken wären:

Dimension:	**Wort:**
"Nationalität, Demokratie":	Ausländerfeindlichkeit
	Direkte Demokratie
	Nationalbewußtsein
	Patriotismus
"Internationalität":	Internationaler Treffpunkt

Es ist allerdings anzumerken, daß das Nationalbewußtsein der Schweizer nicht durchwegs positiv zu sehen ist, was durch die signifikante Zuordnung des Wortes "Ausländerfeindlichkeit" zum Ausdruck gebracht wird.

3.2. Der Vergleich zwischen drei Untersuchungen, worauf die Österreicher stolz sind.

Im Rahmen einer Diplomarbeit am Institut für Werbewissenschaft und Marktforschung an der Wirtschaftsuniversität Wien wurden bei MARTINEK 1990 auch die Ergebnisse von sechs anderen Österreich-Studien mit den Ergebnissen der hier vorliegenden Studie verglichen.

Wie auch erwartet worden war, konnten die in der nonverbalen Studie ermittelten Befunde durchwegs bestätigt und untermauert werden. Wegen des Umfanges dieser Ergebnisse sei an dieser Stelle zum Nachlesen der genauen Befunde an MARTINEK 1990 verwiesen und ein Detailergebnis aus drei der Vergleichsstudien exemplarisch dargestellt.

Es wird zwar in allen sechs Studien in irgendeiner Form die Frage danach gestellt, worauf man als Österreicher stolz sein kann, doch wird dabei mit so unterschiedlichen Methoden und Meßansätzen vorgegangen, daß diese verschiedenen Studien nur schwer miteinander verglichen werden können.

Aus diesem Grund reduziert sich auch die Zahl der schließlich miteinander verglichenen Ergebnisse auf drei Studien, deren Ergebnisse eine Liste von 17 bis 22 Items umfassen.

Man muß dabei allerdings bedenken, daß auch bei diesen drei Untersuchungen die Erhebungsanlagen unterschiedlich waren, daher wird hier gar nicht so sehr auf die sich ergebenden Prozentwerte der einzelnen Zuordnungen eingegangen, sondern auf die Rangzahl in dieser Item-Liste.

Es wurden die folgenden Untersuchungen mit den ebenfalls angeführten Erhebungsanlagen in den Vergleich einbezogen:

* **Übung aus Marktforschung am Institut für Werbewissenschaft und Marktforschung an der Wirtschaftsuniversität Wien im Wintersemester 1986/87**
  (Offene Frage; 16 Items mit über 1% Nennungen; 272 Auskunftspersonen)

* **Übung aus Marktforschung am Institut für Werbewissenschaft und Marktforschung an der Wirtschaftsuniversität Wien im Sommersemester 1988**
  (3 Items aus einer Liste von 20 auszuwählen; 319 Auskunftspersonen)

* **IMAS-Umfrage 6678, November/Dezember 1989, "Österreich im Außenvergleich"**
  (22 zu bejahende oder zu verneinende Items; 1500 Auskunftspersonen)

Die vollständigen Ergebnisse sind bei MARTINEK 1990 nachzulesen, wir aber kommen gleich zu den Vergleichen:

	Rangplätze in den Ergebnislisten der einzelnen Studien		
Dimension:	**WS 86/87**	**SS 88**	**IMAS 90**
"Berge, schöne Landschaft"	1	1	1
"Kunst und Kultur"	2	6,8,10,13	7
"Klassische Musik"	4	2,12	-
"Historische Bauten"	8	4	-
"Essen, Gastronomie"	15	9	2

Der Vergleich mit Hilfe der Rangplätze wird nur mit den Items angestellt, die in die Dimensionen passen, die in der Hauptstudie gebildet wurden. Die übrigen Items werden nicht zur Beurteilung herangezogen, sie können aber an entsprechender Stelle nachgelesen werden.

Was man aus dieser Gegenüberstellung erkennt, ist die Übereinstimmung mit den Ergebnissen der Hauptstudie mit einer kleinen Einschränkung:

Die Tatsache, daß sich die Dimension "Berge, schöne Landschaften" als so starke Dimension erweist, ist einerseits darauf zurückzuführen, daß hier die Schweiz als Vergleichsland nicht auftritt und Österreich seine ohnehin vorhandene Stärke in dieser Dimension alleine zeigen kann, und andererseits darauf, daß das Hauptaugenmerk bei den Items nicht auf "Berge", sondern auf "Landschaften" liegt.

Die übrigen Dimensionen werden in einem der Hauptstudie durchaus vergleichbaren Ausmaß zugeordnet. So erweisen sich die Dimensionen "Kunst und Kultur", "Klassische Musik" und "Historische Bauten" als Dimensionen, auf die der Österreicher besonders stolz ist, und die Dimension "Gutes Essen, Gastronomie" als weitere Stärke Österreichs.

4. Die Conclusio.

Nach all diesen Betrachtungen, Untersuchungen, Berechnungen und Kommentaren tritt ein Ergebnis deutlich hervor:

Die Nonverbale Imagemessung kann und will kein Ersatz für die Verbale Imagemessung sein, aber eine sinnvolle Ergänzung!

Die Gründe dafür wurden in verschiedensten Kapiteln schon erwähnt, sollen an dieser Stelle aber noch einmal zusammengefaßt werden:

* Bei Beurteilungsdimensionen, wo eine nonverbale Umsetzung keine zufriedenstellenden Ergebnisse bringt (z.B. Preis, oder Glück und andere abstrakte Begriffe), ist die verbale Darstellung der nonverbalen immer noch überlegen, da **rationale und abstrakte Inhalte durch Bilder kaum kommuniziert werden können**.

* Auch bei Produkten, die einer rationalen Erklärung kaum bedürfen, wie etwa Länderimages, gibt es neben Image-Dimensionen, die für Bilderbeurteilung sehr gut geeignet sind (zum Beispiel "Kunst und Kultur") auch **Dimensionen, die durch Worte besser als durch Bilder kommuniziert werden können** (denken wir etwa an die Dimension "National, Demokratie").

* Bei Bildern ergibt sich immer die **Gefahr des kognitiven Erkennens von Bildinhalten**. Dieses Problem ist im vorliegenden Fall der Länder-Imagemessung im eigenen Land besonders zu beachten, da die Möglichkeit des kognitiven Erkennens vor allem von Bauwerken, aber auch etwa Landstrichen durch die Auskunftspersonen sehr groß ist, was auch für die Distanzhypothese spricht (vgl. KURZ 1988, S.67-68).

* Nach den Erfahrungen der Österreich-Image-Studien im In-und Ausland zeigt sich, daß die **Auskunftspersonen die Befragungssituation als Testsituation empfinden** und - um sich nicht zu blamieren - nach Ansatzpunkten suchen, um die Bilder kognitiv zuordnen zu können. Und wie bereits ausgeführt, soll gerade das verhindert werden.

Das heißt natürlich nicht, daß die Nonverbale Imagemessung wegen dieser Einschränkungen als für die Imagemessung untauglich enttarnt wurde.

Ganz im Gegenteil stellt sie eine **wertvolle Bereicherung** auf diesem Gebiet dar und hat unbedingt ihre Berechtigung in Produktklassen, die nicht so sehr von rationalem Erklärungsbedürfnis geprägt sind, und vor allem dann, wenn die Ergebnisse mit Hilfe der gut erprobten verbalen Imagemessung überprüft und ergänzt werden.

Darum ist für die vorliegende Studie zum Selbstimage der Österreicher im speziellen zu sagen, daß nicht alle Bilder, die zusätzlich zu bereits verwendeten eingesetzt wurden und auch nicht alle schon in anderen Länderimagestudien eingesetzten für eine solche Studie geeignet sind.

So wird in Zukunft zu überprüfen sein, ob Bilder, die eingesetzt werden sollen, kognitiv erkannt werden, um diese zu eliminieren.

Weiters wird es notwendig sein, Bilder in das "Evoked Set" aufzunehmen, die **neue Dimensionen** erschließen; nämlich Dimensionen, die nicht im geschichtlich entwickelten "Imago Austriae", von dem bei der Bilderwahl ausgegangen wurde, enthalten sind.

Denn nur auf diese Weise - mit Dimensionen, die im Rahmen einer Bilderbeurteilung ermittelt und abgesichert werden - ist es möglich, Facetten des Österreich-Images zu ermitteln, die mit keinem Land in Verbindung gebracht, aber von Österreich abgedeckt werden und somit als Österreich-Dimension aufgebaut werden können.

Denn als längerfristiges Konzept gilt es, das zwar durchaus positive, aber doch verstaubte Selbstbild ein wenig in Richtung **Modernität und Aktivität** zurechtzurücken. Und das ist nur möglich, wenn zusätzliche Dimensionen zu den bereits bekannten ermittelt werden, mit denen Österreich dargestellt werden kann.

5. Der Anhang.

ANHANG I

Die Bilderzuordnung
(Vollständiger Bildersatz)

Bild-Nr.	Titel	A	BRD	CH	Kein Land
2	Weinernte	**99,1**	35,0	7,7	0,5
3	Aprés Ski	**91,0**	15,4	49,4	0,0
5	Museum	**100,0**	5,9	1,8	0,0
6	WU Wien	58,2	58,6	21,4	2,3
7	Alpenhaus	85,5	20,0	77,7	0,0
10	Schlot	71,9	70,5	32,5	0,7
11	Schifahrer/Tiefschnee	**100,0**	18,4	77,6	0,0
13	Ballnacht	**99,5**	4,1	3,6	0,5
14	Straßenschmutz	**73,4**	53,7	25,4	13,1
16	UNO-City	**98,7**	11,5	16,7	0,0
17	Hinterstoder	76,8	17,7	79,5	0,0
18	G'spritzter	**97,1**	9,7	3,2	0,0
19	Sandler	**73,6**	60,0	37,3	7,3
21	Musikverein	**98,1**	10,1	5,6	0,4
22	Weinprobe	**94,0**	33,3	9,4	0,0
24	Buffet	**92,3**	28,2	28,2	0,6
25	Hofreitschule	**99,6**	0,7	0,4	0,0
26	Weinfest	**92,3**	25,9	5,9	0,5
29	Theaterloge	**92,5**	42,2	30,1	0,7

30	Fiaker	**98,9**	4,9	1,5	0,0
32	Tanzfest	**81,3**	20,0	30,0	0,0
33	Kirchenvitrail	**82,9**	42,1	25,0	2,6
34	Wiener Kaffee	**87,7**	17,9	17,9	1,8
35	Fassade	57,2	**89,5**	39,7	5,4
36	Hinterhof	**100,0**	24,6	12,3	0,0
37	Bürokratie	**60,4**	34,1	35,1	13,5
38	Tote Fische	36,4	**88,8**	65,3	0,7
39	Casino	**80,7**	54,4	52,6	3,5
39	Casino 2	**85,7**	46,9	46,9	3,2
40	Waldsterben	68,6	**91,7**	48,7	3,8
41	Ettalkloster/Bayern	**82,1**	30,8	35,9	3,2
42	Aprés Ski - Schneebar	**94,2**	16,5	54,5	1,7
43	Chemie Linz	43,9	**84,2**	24,6	0,0
44	U-Bahn Karlsplatz	**98,3**	5,0	3,3	0,0
45	Frau bei Weinernte	**100,0**	49,1	17,5	1,8
46	Konditorei	**80,2**	35,0	38,3	1,7
47	Frauen in alten Trachten	59,4	40,6	57,8	4,7
49	Wanderjause mit Volks-musik	**96,5**	33,9	54,5	0,0
50	Schifahrer/Buckelpiste	**98,7**	6,3	73,7	0,0
55	Kaffeehaus mit Spiegel	**83,3**	63,2	54,9	1,8
62	Telefon-Mann	34,4	**85,6**	55,6	2,2

67	Jugendliche/Tee	82,5	68,4	61,4	0,0
71	Familie	82,1	70,2	63,2	1,8
73	Dreier Studenten	**89,7**	77,6	64,7	3,8
101	Raum mit Perserteppich	**97,5**	30,0	30,0	0,0
102	Prismazimmer	60,3	71,9	40,6	1,6
103	Kitschzimmer	61,8	57,9	63,2	5,3
104	Raum mit Ledersofa	55,4	54,4	66,7	7,1
106	Gasometer	**83,6**	21,3	10,1	3,3
111	Grimselstausee	**80,0**	25,6	57,9	3,4
112	Sylvensteinspeicher	58,3	48,7	61,7	5,8
113	Lausanne/Schweiz	14,7	37,2	**62,8**	14,1
114	UNO-City mit Wien	**90,1**	23,3	16,7	0,8
115	Boote am See	56,4	53,2	67,8	4,6
116	Toledo	10,8	38,0	25,9	38,3
127	Genf/UNO-Gebäude	7,0	54,4	43,9	17,5
140	Grenze mit Wachturm	73,0	79,7	4,7	1,6
141	Flakturm	**100,0**	15,8	5,3	0,0
142	Baustelle	**88,7**	38,7	23,7	0,0
175	Au	**89,9**	59,5	38,0	2,5
204	Mähdrescher	**83,3**	56,7	24,2	6,5
206	Friedhof	**72,7**	44,8	45,8	12,0
207	Herbst/Tische	**98,2**	29,8	21,1	1,8
208	Herbst	**92,0**	61,7	63,9	2,2

209	Mistkübel	72,6	76,5	54,2	9,4
211	Weingut Clos-de-Vougeot	**79,0**	46,3	20,7	1,7
234	Vierergruppe	**84,0**	42,2	28,9	10,5
235	Bemalte Wand	68,6	69,2	37,8	4,5
236	Graffiti	33,1	**83,5**	31,4	0,8
237	Häuserflucht	79,5	85,3	35,9	1,3
238	Betonhaus	70,3	**92,2**	37,5	1,6
239	Zinskaserne	**80,4**	38,6	22,8	1,8
245	Rodeln	**96,5**	30,4	69,6	0,0
246	Schischule	**92,2**	12,5	76,6	0,0
249	Hausmusik	**90,9**	35,5	35,7	4,0
255	Chemikerin	47,5	71,8	72,2	0,4
256	Soldatin mit Gewehr	1,3	**46,1**	14,5	43,4
278	Ringelspiel	**95,6**	42,2	32,5	2,2
279	Nichtrauchende Popper	84,9	76,0	66,1	2,5
301	Flohmarkt	**93,1**	38,3	29,2	1,8
316	Kofferübergabe	69,1	61,4	41,5	6,5
318	Münchhausen	28,2	**60,3**	14,1	16,7

(**Legende**: Die **fett** gedruckten Werte drücken eine signifikante Zuordnung des Bildes auf das betreffende Land aus.
Die "Bild-Nr." bedeutet die Nummer, die das entsprechende Bild im Archiv des Instituts für Werbewissenschaft und Marktforschung an der Wirtschaftsuniversität Wien hat.)

ANHANG II

Die Wortezuordnung

Wort	A	BRD	CH	Kein Land
Aktuelle Mode	31,5	**67,6**	15,9	17,3
Anti-semitisch	47,5	41,2	14,1	33,9
Arbeitslosigkeit	53,1	**90,3**	14,1	3,6
Asylland für politische Flüchtlinge	**90,4**	41,0	22,4	0,6
Aufgeschlossen	38,5	**60,3**	27,6	20,5
Ausgeprägter Wehrwille	3,6	29,1	**80,5**	5,4
Ausländerfeindlichkeit	43,8	42,6	**63,9**	13,9
Ausreichende Umweltschutz-Maßnahmen	6,7	8,2	**23,0**	72,1
Berühmte Chöre	**72,4**	53,8	4,5	4,5
Charmant	**78,0**	8,6	9,7	15,5
Direkte Demokratie	19,9	8,3	**83,1**	6,5
Engstirnig	49,6	21,3	65,5	6,6
Fremdenhaß	29,5	34,0	41,0	32,7
Gastfreundlich	**72,2**	31,3	34,9	8,6
Heuriger	**98,9**	2,2	0,0	0,4
Historische Bauten	**97,1**	40,6	17,3	1,8
Hoch-Technologie	13,4	**92,1**	36,0	0,7
Hohe ethische Werte	29,8	29,5	44,3	33,6

Hohe Moralvorstellungen	16,0	18,6	**69,2**	24,4
Illegaler Technologie-Transfer an Ostblock-Länder	**58,7**	32,0	15,6	16,4
Internationaler Treffpunkt	66,1	31,7	**81,3**	0,7
Intoleranz gegenüber Minderheiten	55,8	40,4	59,6	9,0
Kaffeehauskultur	**98,9**	2,5	2,2	0,0
Klassisches Asyl-Land	**73,6**	41,0	23,8	4,1
Korruption	**87,4**	61,5	28,1	6,5
Kriminalität	25,6	**76,9**	18,6	17,9
Kunst und Kultur	**95,9**	47,5	29,5	1,6
Land der Skandale	**81,9**	49,6	18,0	12,6
Mangelnde Umweltschutz-Maßnahmen	74,4	80,1	64,1	6,4
Modern	21,0	**73,3**	20,9	13,4
Moderne Kunst	50,6	65,4	23,7	5,8
Musikalisch	**96,0**	20,9	12,2	2,5
Nationalbewußtsein	31,4	43,4	**84,4**	2,5
Ost-West-Spionage	60,9	69,2	12,8	6,4
Parteienproporz	**91,0**	31,3	13,3	4,3
Patriotismus	32,7	35,3	**82,1**	5,1
Pflege der Hausmusik	**83,4**	21,6	35,6	6,8
Positive Lebenseinstellung	45,5	52,5	52,5	10,1
Probleme mit Gastarbeitern	54,9	**80,9**	49,3	8,3
Qualitätswein	**84,3**	34,4	6,6	9,0

Renommierte Opern- und Theaterhäuser	**94,9**	44,6	16,9	1,4
Sängerknaben	**99,2**	11,5	2,5	0,0
Saubere Umwelt	29,8	8,2	45,1	43,4
Schickeria	50,0	**71,9**	22,0	4,7
Schöne Landschaft	91,0	36,7	84,5	0,7
Soziale Sicherheit	**74,0**	39,9	52,5	3,6
Sozialpartnerschaft	**91,7**	13,7	15,8	2,2
Spießbürger	48,0	25,5	**65,5**	9,0
Streiks	9,0	**65,6**	4,0	30,9
Terror	8,3	**91,8**	1,6	7,4
Toleranz gegenüber Minderheiten	34,7	18,9	27,0	38,5
Überheblich	23,1	**64,0**	38,5	7,2
Ungerechtes Steuersystem	**75,0**	17,6	7,9	21,6
Verläßliche Geschäftspartner	35,4	64,4	**80,2**	2,9
Verschmutzte Umwelt	60,9	**91,0**	60,3	3,2
Weinskandal	**98,7**	35,9	0,0	0,6
Zivilcourage	13,7	40,6	43,5	22,7

(**Legende**: Die **fett** gedruckten Werte drücken eine signifikante Zuordnung des Wortreizes auf das betreffende Land aus.)

ANHANG III

Die Dimensionen mit den signifikanten Zuordnungen

"Dimension"

Österreich	BRD	Schweiz	Kein Land
"Berge, schöne Landschaften"			
41 Ettalkloster/ Bayern 111 Grimselstausee 211 Weingut Clos de Vougeot		113 Lausanne	7 Alpenhaus 17 Hinterstoder 112 Sylvensteinspeicher W. Schöne Landschaft

"Geselligkeit"			
34 Wiener Kaffee **39 Casino** **39 Casino 2** **55 Kaffeehaus mit Spiegel** **278 Ringelspiel**			**67 Jugendliche/ Tee** **71 Familie** **73 Dreier Studenten** **279 Nichtrauchende Popper** **W. Positive Lebenseinstellung**
"Gutes Essen, Gastronomie"			
24 Buffet **46 Konditorei**			
"Historische Bauten"			
5 Museum			**127 Genf/ UNO-Gebäude**

"Klassische Musik"			
13 Ballnacht 21 Musikverein 249 Hausmusik			
"Kunst und Kultur"			
25 Hofreitschule 29 Theaterloge 33 Kirchenvitrail			W. Moderne Kunst
"Moderne Bauten"			
16 UNO-City 114 UNO-City mit Wien 142 Baustelle 239 Zinskaserne	35 Fassade 236 Graffiti 238 Betonhaus		6 WU-Wien 235 Bemalte Wand 237 Häuserflucht

"Negative Eigenschaften"

14 Straßenschmutz	38 Tote Fische		10 Rauchender Schlot
19 Sandler	40 Waldsterben		140 Grenze mit Wachturm
	43 Chemie Linz		209 Mistkübel
	W. Arbeitslosigkeit		255 Chemikerin
	W. Probleme mit Gastarbeitern		316 Kofferübergabe
	W. Streiks		W. Mangelnde Umweltschutz-Maßnahmen
	W. Terror		
	W. Überheblich		
	W. Verschmutzte Umwelt		

"Romantik, Melancholie"			
36 Hinterhof **206 Friedhof** **207 Herbst/ Tische** **208 Herbst** **234 Vierergruppe** **301 Flohmarkt**			
"Tradition und Brauchtum"			
30 Fiaker **32 Tanzfest** **49 Wanderjause mit Volksmusik**			**47 Frauen in alter Tracht**

"Umwelt"			
175 Au		W. Ausreichende Umweltschutz-Maßnahmen	W. Saubere Umwelt
"Wein"			
2 Weinernte 18 G'spritzter 22 Weinprobe 26 Weinfest 45 Frau bei Weinernte			

"Wintersport"			
3 Après Ski **11 Schifahrer/Tiefschnee** **42 Après Ski/Schneebar** **50 Schifahrer/Buckelpiste** **245 Rodeln**			**246 Schischule**
"Wirtschaft"			
	62 Telefon-Mann	**W. Verläßliche Geschäftspartner**	

"Nicht einzuordnende Bilder und Worte"

37 Bürokratie	256 Soldatin mit Gewehr	W. Ausgeprägter Wehrwille	102 Prismazimmer
101 Raum mit Perserteppich	318 Münchhausen	W. Hohe Moralvorstellungen	103 Kitschzimmer
106 Gasometer	W. Schickeria	W. Spießbürger	104 Raum mit Ledersofa
141 Flakturm Wien			115 Boote/See
204 Mähdrescher			116 Toledo/Spanien
			W. Antisemitisch
			W. Hohe ethische Werte
			W. Ost-West-Spionage
			W. Toleranz gegenüber Minderheiten
			W. Zivilcourage

(Legende: Die Zahlen sind die Nummern der Bilder im Archiv des Instituts für Werbewissenschaft und Marktforschung an der Wirtschaftsuniversität Wien.
Ein "W." bedeutet, daß der betreffende Reiz ein Wortreiz ist.)

Das Literaturverzeichnis.

AAKER D.A., MYERS J.G., "**Advertising Management**", Second Edition, Prentice Hall Inc., Englewood Cliffs; New Jersey 1982.

AKCATEPE E., AKMANLAR Y., "**Das Image Österreichs in der Türkei**", Hausarbeit am Universitätslehrgang für Werbung und Verkauf an der Wirtschaftsuniversität Wien; Wien 1989.

BEDNAR B., **Nonverbale Imagemessung bei Markenartikeln**"; Diplomarbeit an der Wirtschaftsuniversität Wien; Wien 1987.

BERGLER R., "**Psychologie des Marken- und Firmenbildes**"; Göttingen 1963.

BERGLER R., "**Psychologie stereotyper Systeme**"; Stuttgart 1966.

BERGLER R., SIX B. (1972), "**Stereotype und Vorurteile**"; In: Handbuch der Psychologie, Band 7-2; Hogrefe; Göttingen, Toronto, Zürich 1972.

BUCHER K., "**Das Image Österreichs in der BRD**"; Hausarbeit am Universitätslehrgang für Werbung und Verkauf an der Wirtschaftsuniversität Wien; Wien 1988.

EHWEINER P., "**Das Image Österreichs in England**"; Hausarbeit am Universitätslehrgang für Werbung und Verkauf an der Wirtschaftsuniversität Wien; Wien 1988.

FESSEL/GFK & IFES, "**Konsumenten in Österreich**"; Wien 1979.

FISHBEIN M. & AJZEN, I. "**Belief, Attitude, Intention and Behavior: An Introduction to Theorie and Research**"; Reading, Massachusetts 1975.

GASPERL-SINGER A., "**Das Image Östereichs und der Schweiz in den Vereinigten Staaten von Amerika**"; Diplomarbeit an der Wirtschaftsuniversität Wien; Wien 1985.

GEDERMANN D., "**Das Image Österreichs in Japan**"; Interner Forschungsbericht an der Wirtschaftsuniversität Wien; Wien 1985.

HAIDERER A., NEUMANN S., "**Die Erlebniswelten von Rauchern und Nichtrauchern**"; Diplomarbeit an der Wirtschaftsuniversität Wien; Wien 1986.

HANSEN F., "**Towards an Alternative Theory of the Advertising Communication Process?**"; In: Research in Marketing, Vol. 1-1; o.J.

HARBICH R., "**Die Einsatzbedingungen der Nonverbalen Imagemessung in der Marktforschung**"; Diplomarbeit an der Wirtschaftsuniversität Wien; Wien 1987.

HERCZEG H., "**Das Image Österreichs in Ungarn**"; Hausarbeit am Universitätslehrgang für Werbung und Verkauf an der Wirtschaftsuniversität Wien; Wien 1985.

HERZIG O., "**Verbale und nonverbale Imagemessung - Ein Methodenvergleich**"; Diplomarbeit an der Wirtschaftsuniversität Wien; Wien 1990.

HILLINGRATHNER L., SPECHTENHAUSER A., "**Das Image Österreichs in Frankreich**"; Hausarbeit am Universitätslehrgang für Werbung und Verkauf an der Wirtschaftsuniversität Wien; Wien 1989.

HIZER S, ÖZTOPUZ Ö., "**Das Image Österreichs in der Türkei**"; Hausarbeit am Universitätslehrgang für Werbung und Verkauf an der Wirtschaftsuniversität Wien; Wien 1984.

HOFER G., "**Das Image Österreichs in der UdSSR**"; Hausarbeit am Universitätslehrgang für Werbung und Verkauf an der Wirtschaftsuniversität Wien; Wien 1986.

HOFFMANN H.J., "**Psychologie und Massenkommunikation**"; Verlag de Gruyter; Berlin 1976.

IFES & FESSEL, "**Österreichbewußtsein**"; Wien 1980.

IMAS-REPORT Nr.23, "**Die Bilder von den Europäern**"; Linz 1988.

JIRKU I., "**Das Image Österreichs in Frankreich**"; Hausarbeit am Universitätslehrgang für Werbung und Verkauf an der Wirtschaftsuniversität Wien; Wien 1986.

JOHANNSON U., "**Das Marken- und Firmenimage**"; Verlag Drucker & Humblot; Berlin 1971.

KLEIN M., TAUTSCHER M., "**Das Image Österreichs in Südafrika**"; Hausarbeit am Universitätslehrgang für Werbung und Verkauf an der Wirtschaftsuniversität Wien; Wien 1985.

KORN R., "**Das Image Österreichs in Finnland**"; Diplomarbeit an der Wirtschaftsuniversität Wien; Wien 1990.

KROEBER-RIEL W., "**Konsumentenverhalten**"; Verlag Franz Vahlen; München 1984.

KRUPPIK T., "**Das Image Österreichs in Polen**"; Hausarbeit am Universitätslehrgang für Werbung und Verkauf an der Wirtschaftsuniversität Wien; Wien 1987.

KURZ H. (1988), "**Das Image Österreichs im Ausland**"; In: Schweiger, "Österreichs Image im Ausland"; Wien 1988, S.62-119.

KYRIAKIDES A., DESPOTIS E., DESPOTIS M., "**Das Image Österreichs in Zypern**"; Hausarbeit am Universitätslehrgang für Werbung und Verkauf an der Wirtschaftsuniversität Wien; Wien 1989.

LIEBERMANN Y., "**Das Image Österreichs in Israel**"; Interner Forschungsbericht an der Wirtschaftsuniversität Wien; Wien 1987.

MACHAT U., "**Empirischer Anwendungsbereich des Konzeptes der Nonverbalen Imagemessung am Beispiel zweier österreichischer Zigarettenmarken**"; Diplomarbeit an der Wirtschaftsuniversität Wien; Wien 1983.

MARTINEK G., "**Das Selbstimage der Österreicher**"; Diplomarbeit an der Wirtschaftsuniversität Wien; Wien 1990.

MAYERHOFER W., "**Nonverbale Imagemessung von Markenimages dargestellt am Beispiel von Kaffeemarken**"; In: Festschrift anläßlich des 40-Jahr-Jubiläums des Universitätslehrgangs für Werbung und Verkauf; Wien 1989a.

MAYERHOFER W., "**Entwicklung eines Modells für einen Werbemittelpretest unter besonderer Berücksichtigung von apparativen Verfahren der Werbewirkungsmessung - dargestellt am Beispiel einer Kampagne zur Steigerung des Absatzes österreichischer Produkte**"; Dissertation an der Wirtschaftsuniversität Wien; Wien 1989b.

MAZANEC J., "**Strukturmodelle des Konsumentenverhaltens, Empirische Zugänglichkeit und praktischer Einsatz zur Vorbereitung absatzwirtschaftlicher Positionierungs- und Segmentierungsentscheidungen**"; Wien 1978.

MIKSCH E., "**Das Image Österreichs in Italien**"; Hausarbeit am Universitätslehrgang für Werbung und Verkauf an der Wirtschaftsuniversität Wien; Wien 1987.

MÜCK G., "**Das Image Österreichs in Holland**"; Hausarbeit am Universitätslehrgang für Werbung und Verkauf an der Wirtschaftsuniversität Wien; Wien 1989.

NEUMANN P., ROSENSTIEL L.v. (1981), "**Die Positionierungsforschung für die Werbung**"; In: Die Werbung, 1.Auflage, Hrsg.Bruno Tietz, Band 1; Landsberg/Lech 1981, S.767.

NIESSL H., "**Das Image Österreichs in der BRD**"; Hausarbeit am Universitätslehrgang für Werbung und Verkauf an der Wirtschaftsuniversität Wien; Wien 1986.

o.V.; "**Bericht zur Übung aus Marktforschung 1986/87**"; Unveröffentlichter Forschungsbericht des Instituts für Werbewissenschaft und Marktforschung an der Wirtschaftsuniversität Wien; Wien 1987.

o.V.; "**Das Image Österreichs in Algerien**"; Unveröffentlichter Forschungsbericht des Instituts für Werbewissenschaft und Marktforschung an der Wirtschaftsuniversität Wien; Wien 1988a.

o.V.; "**Das Image Österreichs in der DDR**"; Unveröffentlichter Forschungsbericht des Instituts für Werbewissenschaft und Marktforschung an der Wirtschaftsuniversität Wien; Wien 1988b.

o.V.; "**Bericht zur Übung aus Marktforschung 1988**"; Unveröffentlichter Forschungsbericht des Instituts für Werbewissenschaft und Marktforschung an der Wirtschaftsuniversität Wien; Wien 1988c.

o.V.; "**Das Image Österreichs in den USA**"; Unveröffentlichter Forschungsbericht des Instituts für Werbewissenschaft und Marktforschung an der Wirtschaftsuniversität Wien; Wien 1989.

OSGOOD CH.E., SUCI G.J., TANNENBAUM P.H., "**The Measurement of Meaning**"; Urbana 1957.

ÖSTERREICHISCHES GALLUP-INSTITUT, "**Omnibus-Erhebung**"; Wien 1986.

PERCY L. & ROSSITER J.R., "**Advertising Strategy - A Communication Theory Approach**"; New York 1980.

PIPLICS E., "**Das Image Österreichs in China**"; Dissertation an der Wirtschaftsuniversität Wien; Wien 1990.

ROSENSTIEL L.v., EWALD G. (1979), **"Psychologie der absatzpolitischen Instrumente"**; In: Marktpsychologie, Band II; Stuttgart, Berlin, Köln, Mainz 1979, S42.

SCHUCHARD-FICHER CH. et al., **"Multivariate Analysemethoden"**; SpringerVerlag; Berlin, Heidelberg, New York 1980.

SCHUSTER H., TROMMSDORFF V. (1981), **"Die Einstellungsmessung für die Werbung"**, In: Die Werbung, 1.Auflage, Hrsg.Bruno Tietz, Band 1; Landsberg/Lech 1981, S.719.

SCHWEIGER G., **"Nonverbale Imagemessung"**; Teil I + II, Arbeitspapier Nr.16/1984 (3.Auflage) des Instituts für Absatzwirtschaft der Wirtschaftsuniversität Wien; Wien 1984.

SCHWEIGER G., **"Das Image Österreichs in den USA"**; 3. Auflage; Wien 1985.

SCHWEIGER G., WIKLICKY W., **"Entwicklung eines standardisierten Verfahrens der Nonverbalen Imagemessung für Markenartikel"**; In: Werbeforschung und Praxis 5; Bonn, Wien 1986.

SCHWEIGER G., WIKLICKY W., BEDNAR B., **"Nonverbale Imagemessung bei Markenartikeln - eine Anwendung im Bereich Babyprodukte"**; In: Werbeforschung und Praxis 2; Bonn, Wien 1987.

SCHWEIGER G., **"Österreichs Image im Ausland"**; NORKA-Verlag Dr.Norbert Kastelic, Wien 1988.

SHERMAN, KULHAVY et al. (1976), **"Cerebral Laterity and Verbal Processes"**; In: Journal of Experimental Psychology: Human Learning and Memory, 1976, S.27.

SINGER R., **"Das Image Österreichs in Ungarn"**; Hausarbeit am Universitätslehrgang für Werbung und Verkauf an der Wirtschaftsuniversität Wien; Wien 1990.

SOYAK A., KULELI M., **"Das Image Österreichs in der Türkei"**; Hausarbeit am Universitätslehrgang für Werbung und Verkauf an der Wirtschaftsuniversität Wien; Wien 1984.

STRABERGER M., **"Das Image Österreichs in Brasilien"**; Hausarbeit am Universitätslehrgang für Werbung und Verkauf an der Wirtschaftsuniversität Wien: Wien 1988.

TRIANDIS H.C. **"Einstellungen und Einstellungsänderungen"**; Weinheim 1975.

TROMMSDORFF V., "**Die Messung von Produktimages für das Marketing**"; Köln, Berlin, Bonn, München 1975.

VERDEL H., "**Das Image Österreichs in Slowenien**"; Hausarbeit am Universitätslehrgang für Werbung und Verkauf an der Wirtschaftsuniversität Wien; Wien 1989.

WEDENIG M., "**Das Image Österreichs in Spanien**"; Hausarbeit am Universitätslehrgang für Werbung und Verkauf an der Wirtschaftsuniversität Wien, Wien 1989.

WIESER A., "**Das Image Österreichs in Kanada**"; Hausarbeit am Universitätslehrgang für Werbung und Verkauf an der Wirtschaftsuniversität Wien; Wien 1989.

WILHELM M., WILHELM F., "**Das Image Österreichs in der Schweiz**"; Hausarbeit am Universitätslehrgang für Werbung und Verkauf an der Wirtschaftsuniversität Wien; Wien 1986.

WITT D., "**Aufmerksamkeitswirkung und Gedächtnisleistung bei visuellen Stimuli - eine experimentelle Untersuchung mittels Blickregistrierung**"; Dissertation an der Universität des Saarlandes, Saarbrücken 1977.

WUSST Ch., "**Das Image Österreichs in Mexiko**"; Diplomarbeit an der Wirtschaftsuniversität Wien; Wien 1985.

WUSST Ch., "**Ansätze zur Image- und Einstellungsmessung am Beispiel Österreich**"; Dissertation an der Wirtschaftsuniversität Wien; Wien 1987.